Y WLADFA
yn dy boced

gan

CATHRIN WILLIAMS

Barranquilla
Barquisimeto
Valencia
Cartagena
Maracaibo
Caracas
Bucaramanga
VENEZUELA
Georgetown
Paramaribo
Cayenne
GUYANA FFRENGIG
Medellín
Manizales
Bogotá
GUYANA
SURINAM
COLOMBIA
Cali
Quito
ECUADOR
Guayaquil
Belém
Manáus
Fortaleza
Natal
Trujillo
Recife
Maceió
PERIW
BRASIL
Callão
Lima
Salvador
Arequipa
BOLIVIA
La Paz
Brasilia
Belo Horizonte
CEFNFOR PACIFIC
Campinas
São Paulo
Niterói
Rio de Janeiro
PARAGUAY
Santos
Asuncion
Iguazú
Curibita
Resistencia
Tucumán
Corrientes
CHILE
Trefi
1,000,000 +
500,000 - 1,000,000
200,000 - 500,000
Rhai prifddinasoedd dan 200,000
Pôrto Alegre
CEFNFOR IWERYDD
ARIANNIN
Santa Fé
Córdoba
URUGUAY
Valparaiso
Santiago
Rosario
Buenos Aires
Montevideo
La Plata
Mar del Plata
Bariloche
Puerto Mont
Esquel
Gorynys Valdés
Chiloé
Trelew
Patagonia
Ynysoedd y Malvinas
Milltir
0 200 400 600 800 1,000
0 400 800 1,200 1,500
Kilometr
Calafate
Stanley
Tierra del Fuego
Ushuaia

DE AMERICA

URUGUAY
Buenos Aires
Montevideo
CHILE
A
N
Mar del Plata
I
Afon Colorado
Bahía Blanca
CHILE
MYNYDDOEDD YR ANDES
T
Afon Negro
Viedma
RÍO NEGRO
MÔR IWERYDD
N
a
Afon Chubut
CHUBUT
Trelew
E
i
n
Afon Chico
Y
TAWELFOR
Sarmiento
G
o
Afon Deseado
Llyn Buenos Aires
g
Puerto Deseado
R
a
CHILE
SANTA CRUZ
t
A
a
P
Puerto Gallegos
YNYSOEDD FALKLAND
Culfor Magallanes
Punta Arenas
TIERRA DEL FUEGO
Ushuaia
200 milltir

ISBN 1-903314-21-6

Argraffiad cyntaf
Cathrin Williams 2000
ISBN 1-903314-08-9

Argraffwyd a chyhoeddwyd gan
Wasg Pantycelyn, Caernarfon, Gwynedd

CYNNWYS

DIOLCH

Cefais lawer iawn o help gan lawer iawn o bobl, gan imi ofyn cwestiynau'n ddibaid i ffrindiau yng Nghymru ac yn y Wladfa. Rhoes eraill lety imi, mynd â mi yn y car yma ac acw, a gwneud awgrymiadau gwerthfawr. Byddai enwi pawb yn golygu dyblu maint y llyfr! Felly, i'r holl rai fu'n help mewn rhyw ffordd neu'i gilydd, diolch yn fawr iawn. Mae yna un, fodd bynnag, sydd wedi darllen y cyfan gan dynnu fy sylw at ambell wall a thrwy hynny fy arbed rhag gwneud llanast' o bethau. I Elvey Macdonald mae'r diolch fod y llyfr mor gywir ag y mae o. Am y gwallau sy'n aros, fi sy'n gyfrifol am y rheini.

Rwy'n ddiolchgar i Wasg Bryntirion am ganiatáu i mi ddefnyddio map y Dyffryn o lyfr Robert Owen Jones, *Yr Efengyl yn y Wladfa,* i Wasg Gee am gael defnyddio map De America o'r llyfr *Haul ac Awyr Las,* ac i Wasg Gomer am gael defnyddio map Ariannin o *Tan Tro Nesaf* gan Gareth Alban Davies.

Diolch, hefyd, i Wasg Pantycelyn am eu hamynedd ac yn arbennig i Malcolm am wneud gwyrthiau wrth drin y deunydd a'i ddwyn i olau dydd. Bu June a Maldwyn yno yn gefn gwerthfawr ac yn hael eu sylw a'u hawgrymiadau.

RHAGAIR

Am flynyddoedd bu pobl y Wladfa yn cwyno nad oedd neb o Gymru yn mynd yno i edrych amdanyn nhw! Erbyn hyn, gallwn feddwl mai cwyno y maen nhw fod gormod yn mynd yno. Os oes rhan o'r byd sy'n boblogaidd gyda Chymry o bob oed, y Wladfa yw honno, a'r ffaith yma roddodd fod i'r syniad am ysgrifennu llyfr fyddai, gobeithio, o gymorth i ymwelwyr.

Mae'r rhan fwyaf o lyfrau taith i Dde America, neu hyd yn oed i Ariannin, yn rhy eang eu hapêl ar gyfer y rhai sy'n mynd draw o Gymru. Nid bwriad y llyfr yw trafod y wlad gyfan, ond o'i ddefnyddio ochr yn ochr â llyfrau teithio fel rhai y Lonely Planet neu Footprint, dylai fod gan y teithiwr ddarlun gweddol gyflawn o'r rhannau hynny o'r wlad y bydd y rhan fwyaf o Gymry yn mynd iddyn nhw. Mae ein hanghenion ni'n wahanol, a cheisio ateb rhai o'r anghenion hynny a wneir yn y llyfr hwn. I'r perwyl hwnnw, trafodir y Wladfa ei hun a Buenos Aires, gan mai yno y mae'r awyrennau'n glanio. Y bwriad yw rhoi gwybodaeth ymarferol yn bennaf. Drwg hyn yw fod pethau'n gallu newid mor sydyn, a bydd gwesty neu fwyty yn newid dwylo gan newid safon, neu'n cau'n ddirybudd, a golyga hyn y bydd y llyfr yn sicr o fod wedi dyddio cyn dod o'r wasg. Ond, wrth gwrs, mae hyn yn wir am bob llyfr taith. Y cyfan y gellir ei ddweud yw y bydd yr wybodaeth yn gywir, gobeithio, ar y pryd!

Ffaith arall sy'n rhaid ei chofio yw mai barn bersonol a geir ym mhob llyfr o'r fath. Ond dylai'r farn honno fod wedi ei seilio ar wybodaeth ac ar drafodaeth ag eraill. Byddai barn rhai sydd wedi defnyddio'r llyfr hwn yn werthfawr i'r golygydd ar gyfer y dyfodol, hynny ynghyd â chywiro unrhyw gamgymeriadau. I'r perwyl hwnnw, gellir cysylltu â'r golygydd drwy'r cyhoeddwyr neu drwy e-bost ar cathrin@fforddcynan.fsnet.co.uk

Ar ddiwedd y llyfr, ceir rhestr o'r mannau eraill sy'n boblogaidd gyda'r Cymry. Y bwriad wrth eu cynnwys yw rhoi rhyw syniad o'r math o le yw pob un a rhoi enw gwesty neu ddau.

Oni bai bod hynny'n cael ei ddweud wrth drafod y gwesty unigol, bydd ystafell ymolchi ynghlwm wrth bob ystafell wely yn y gwestai a restrir yn y llyfr.

YR IAITH SBAENEG YN ARIANNIN

Nid yr un yw'r iaith yma ag yn Sbaen. Mae gwahaniaeth yn yr ynganiad mewn rhai achosion ac o bryd i'w gilydd bydd yr eirfa yn wahanol. Yma ceir ymdrech i roi enghraifft o'r modd yr yngenir pob llythyren.

YR YNGANIAD

Llythyren	*Enghraifft Sbaeneg*	*Enghraifft Gymraeg a nodiadau*
a	mala	*afal*
b	boca	*bach*
	lobo	mae'n debycach i *f* rhwng llafariaid
c	calor	*caled*
	cena	o flaen *e*, *i*, sain *s* sydd iddi.
ch	chico	fel y Saesneg *ch* yn y gair *church*
d	duro	*dur*
	cada	ar ganol gair mae bron fel *dd*
e	leche	*eleni*
f	faro	*ffair.* Fel *ff* Gymraeg
g	gente	*chwaer*. O flaen *e*, *i* mae fel *ch* Gymraeg.
	Guerra	*golchi.* Pan fo *u* rhwng yr *g* a'r *e*, *i* mae'n galed fel yn Gymraeg
	gato	*gelyn.* Ym mhob achos arall mae'n galed
h	hola	byth yn cael ei hynganu

i	isla	*mil*
j	jugo	*het*. Yn cael ei ynganu fel *h* Gymraeg
k	kilo	yn union fel *c* Gymraeg neu *k* Saesneg
l	loma	*eleni*
ll	llama	mae hon yn wahanol i'r hyn a geir yn Sbaen. Mae rhywbeth yn debyg i *sh* ond heb gymaint o anadl.
m	mil	*mil*
n	nona	*nawn*
o	solo	*solo*
p	padre	*pen*
q	queso	*caws.* Sain *c* sydd iddi ac fe'i dilynir gan *u* nad yw'r cael ei ynganu
r	cara	mae hon yn *r* wan iawn, yn debycach i *d,* ond ar ddechrau gair mae'n gryf.
rr	perro	*caru* yn *r* gref iawn
s	peso	*cosi*
t	pata	*tŷ,* ond mae tuedd iddi fod yn feddal ar ganol gair, yn debycach i *d*
u	cura	*pwn.* Sain *w* sydd iddi. Pan fo'n dilyn y llythyren *g* ac yn cario dau ddot uwch ei phen, rhaid ei hynganu. e.e. *agüero*
v	vino	*afal.* Dyma'r *f* Gymraeg

w	whiskey	fe'i ceir mewn geiriau tramor yn unig
x	mixto	fel yr *x* Saesneg
y	y	fel *i* Gymraeg, ond pan fo o flaen *a*, *e*, *o*, *u* mae fel yr *ll* yn cymryd mwy o sain *sh*

Yn ogystal â gwybod sut i ynganu pob llythyren, rhaid gwybod ble i roi'r pwyslais mewn gair. Os oes acen weladwy, yna rhoir y pwyslais ar y sill honno, oni bai am hynny, pan fo gair yn gorffen mewn llafariad neu *n* neu *s*, daw'r acen ar y sill olaf ond un, e.e. *gato*, *antes*, *tienen*. Mae'r pwyslais yn y gweddill ar y sill olaf.

Cofiwch, os ydych chi'n ysgrifennu cwestiwn yn Sbaeneg fod yn rhaid rhoi marc cwestiwn ben ucha'n isaf o'i flaen.

RHAI GEIRIAU AC YMADRODDION DEFNYDDIOL

Dyddiau'r wythnos

Dydd Sul	domingo
Dydd Llun	lunes
Dydd Mawrth	martes
Dydd Mercher	miércoles
Dydd Iau	jueves
Dydd Gwener	viernes
Dydd Sadwrn	sábado

Misoedd y flwyddyn

Ionawr	enero
Chwefror	febrero
Mawrth	marzo
Ebrill	abril
Mai	mayo
Mehefin	junio
Gorffennaf	julio
Awst	agosto
Medi	septiembre
Hydref	octubre
Tachwedd	noviembre
Rhagfyr	diciembre

Rhifo

1	uno/una
2	dos
3	tres

4	cuatro
5	cinco
6	seis
7	siete
8	ocho
9	nueve
10	diez
11	once
12	doce
13	trece
14	catorce
15	quince
16	dieciséis
17	diecisiete
18	dieciocho
19	diecinueve
20	veinte
21	veintiuno
30	treinta
31	treinta y uno
40	cuarenta
41	cuarenta y uno
50	cincuenta
60	sesenta
70	setenta
80	ochenta
90	noventa
100	cien
1000	mil
1,000,000	un millón

Cyfarch etc.

Bore da	Buenos días
Pnawn da	Buenas tardes
Nos da	Buenas noches
Helo	Hola
Hwyl	Chau
Da boch chi	Adiós
Tan tro nesa	Hasta la próxima
Tan toc	Hasta luego
Sut mae hi?	Que tal?
Os gwelwch yn dda?	¿Por favor?
Diolch	Gracias
Croeso	Bienvenido
Peidiwch â sôn	De nada/ No hay de qué
Dydw i ddim yn siarad Sbaeneg	No hablo castellano
Dydw i ddim yn deall	No entiendo
Mae'n dda gen i eich cyfarfod	Encantado(a)/ Mucho gusto
Ga'i basio?	Permiso
Maddeuwch i mi	Perdón

Geiriau holi

Ble?	¿Dónde?
Pwy?	¿Quién?
Beth?	¿Qué?
Pryd?	¿Cuando?
Pam?	¿Por qué?
Sut?	¿Cómo?
Faint?	¿Cuánto?/¿Cuántos?
Oes gennych chi?	¿Tiene?
Oes yna?	¿Hay?

Ymadroddion cyffredinol

Ble mae?	¿Dónde está?
Faint ydi pris?	¿Cuánto sale?
Wnewch chi ei sgrifennu o, os gwelwch yn dda?	¿Lo puede escribir, por favor?
Faint o'r gloch ydi hi?	¿Qué hora es?
Beth ydi enw?	¿Cómo se llama?
Ble mae'r toiledau?	¿Dónde están los baños?
Oes gennych chi ystafell ddwbl?	¿ Tienen una habitación doble/matrimonial?
Oes gennych chi ystafell sengl?	¿Tienen una habitación single/para uno?
Alla i dalu â cherdyn?	¿Puedo pagar con tarjeta?
Ydych chi'n siarad Cymraeg?/Saesneg?	¿Habla galés?/inglés?

Geiriau unigol

tocyn teithio	pasaje
tocyn i fynd i mewn	entrada
tocyn mynd a dod	ida y vuelta
ystfell ymolchi breifat	baño privado
cyn	antes
ar ôl	después
yn araf	despacio
nesaf	próximo
olaf	último
swyddfa dwristiaid	oficina de turismo
maes awyr	aeropuerto
gorsaf bws	terminal de omnibus

gorsaf trên	terminal de tren
swyddfa bost	correo
banc	banco
capel Cymraeg	capilla galesa

BWYD A DIOD

Mae hi'n anodd egluro ym mha ffordd y mae bwyta'n wahanol yn Ariannin i'r hyn yw yng Nghymru, ond mae o! Y duedd yw i bryd ganol dydd fod yn bwysig yma ac i'r pryd nos fod ychydig yn llai felly o fewn y cartrefi. Eto, mewn *restaurante* mae pobl yn bwyta fwy neu lai yr un fath amser cinio a min nos. Golyga hynny, yn aml, dri chwrs efo gwin a dŵr, ac weithiau goffi neu de dail i orffen.

Gellir bwyta mewn *restaurante* cyffredin, sy'n debyg i'r hyn a geir yma, neu mewn *parrilla*, sef lle sy'n arbenigo mewn cig wedi ei rostio ar yr *asador* neu ar y *parilla*. Rhywbeth yn debyg i'n barbeciw ni yw'r ddau ond fod *asado* yn cynnwys hanner oen neu weithiau afr, wedi ei rostio o flaen y tân ar fath o groes haearn, a'r *parillada* yn golygu rhostio tameidiau o gig o bob math uwchben y tân. Yn aml iawn, mewn *parrilla* ceir *tenedor libre* (fforc rydd) sy'n golygu y ceir bwrdd yn llawn salad o bob math, ac y gellir bwyta faint fyd fynnir ohono cyn mynd ymlaen at y cig. Fel rheol, bydd y pris yn cynnwys y salad a'r cig, ond nid y pwdin na'r diodydd.

Dyma geisio rhoi rhestr o rai o'r mathau cyffredin o fwydydd nad ydyn nhw mor gyffredin i ni yma, ond mae'n anodd cynnwys popeth. Os gwelwch rywbeth ar fwydlen nad yw wedi ei gynnwys yma, gwell holi'r sawl sy'n gweini rhag ofn y bydd yn medru naill ai ei egluro ichi neu ddangos lluniau!

Y cwrs cyntaf:

pionono - *swiss roll* wedi ei llenwi â bwydydd hallt, fel ham, letys, tomato mewn *mayonnaise*.

empanada - math o bastai nid yn annhebyg i un Cernyw, wedi ei llenwi, gan amlaf, â chig wedi ei falu, ynghyd â nionod, ŵy wedi ei falu'n fân a ffrwyth yr olewydd. Ond gellir cael llenwad gwahanol, fel caws a ham, caws a nionod, humita (math o bast wedi ei wneud o india corn) neu tiwna.

vitel tone - darn o gig eidion o'r ystlys, wedi ei goginio efo llysiau ac yna ei orchuddio â saws sy'n cynnwys *mayonnaise*, mwstard, ansiofi a tiwna.

matambre - darn o gig eidion sydd rhwng yr asgwrn a'r croen, wedi ei lenwi â llysiau, ei rowlio a'i sleisio'n denau. Fe'i bwyteir yn oer.

primavera - crempogau wedi eu pentyrru ar blat â haenen o ryw fwyd hallt fel caws, ham, letys, tomato mewn *mayonnaise* rhwng pob un.

Y prif gwrs:

milanesa - gall rhain fod yn sgleisi tenau o gig, o gyw neu o bysgod wedi eu gorchuddio â briwsion bara.

tortilla - math o omlet wedi ei lenwi.

ñoquis - tatws wedi eu cymysgu â blawd ac ŵy a'u gwneud bron fel gregin bach. Fe'u coginir yn gyflym mewn dŵr berw a'u gweini â saws. Mae'r rhain bob amser yn rhad, a chyfeirir at y 29 o'r mis fel dydd y *ñoquis* oherwydd bod yr arian yn brin erbyn hynny a dyma'r unig beth y gellir ei fforddio!
cordero - cig oen
cerdo - porc
lomo - stecen ffiled
churrasco - stecen drwchus
bife de chorizo - stecen ffolen
costilla / chuleta - mewn cig eidion, stecen ar yr asgwrn, neu asennau
asado de tira - darn tenau o asen wedi ei rostio
vacío - stecen syrlwyn
pollo - cyw iâr
salchicha - selsig
chorizos - selsig sbaenaidd
mondongo - treip

***pescado* - pysgod**

O'r rhain y prif fathau yw *merluza* (cegddu), *salmon* (eog, ond fel rheol yr un môr sy'n wyn, er y ceir yr un pinc weithiau, yn enwedig yn yr Andes), *lenguado* (lleden), *trucha* (brithyll), *mero* (ysbinbysg y môr), *pejerrey* (math o fecryll), *caballa* (mecryll), *abadejo* (penfras), *atún* (tiwna).

***mariscos* - pysgod cregin**

Er nad ydyn nhw'n bysgod cregin, dyma enwi'r *pulpo* a'r *calamares*, sef yr octopws a'r môr-lawes. Ceir hefyd y *camarones* (berdys), *langostinos* (corgimwch), *cangrejo* (cranc), *langosta* (cimwch), *mejillones* (cregin gleision).

***verduras* - llysiau**
papas (tatws), *papas fritas* (sglodion), *puré* (tatws wedi eu stwnsio), *papas al horno* (tatws rhost), *zanahorias* (moron), *cebolla* (nionyn), *berenjenas* (planhigyn ŵy), *lechuga* (letys), *pepino* (ciwcymbr), *pimiento* (pupur coch neu wyrdd), *puerro* (cenhinen), *acelgas* (spigoglys y dyn tlawd), *remolacha* (betys), *repollo* (bresych), *chauchas* (ffa dringo), *choclo* (corn), *arvejas* (pys).

Pwdin:
Braidd yn gyfyng yw'r dewis o bwdin, fel rheol, â'r un peth ar gael ym mhob man. Mae llawer o bwdinau a theisennau yn cynnwys jam llaeth, neu *dulce de leche*. Gellir prynu hwn mewn potel ond gynt roedd yn rhaid ei wneud gartref drwy ferwi llefrith a siwgr am ddwyawr neu dair. Mae'r Archentwyr yn hynod hoff ohono gan ei fod yn felys. Dyma rai o'r pwdinau mwyaf poblogaidd:
postre borracho - pwdin meddw, sef rhyw fath o deisen wedi ei mwydo mewn gwirod â hufen a jam llaeth ynddi.
tortilla (neu *panqueque*) *quemada con rum* - crempog â siwgr wedi ei losgi a rwm. Weithiau ceir afal arni hefyd.
ensalada de fruta - salad ffrwythau. Os ydych chi'n gwrthwynebu bwyta un o dun, yna gofalwch ei fod yn *casera* (cartref).

flan - cwstard ŵy
queso y dulce - caws a jam. Nid y jam arferol fydd hwn ond jam cwbl solet y bydd yn rhaid wrth gylledd i'w dorri. Fe'i bwyteir gyda'r caws ac fe'i gwneir o *batata* (tatws melys), *membrillo* (cwins) neu *zapallo* (poncen).

Ar wahân i'r rhain ceir gwahanol fathau o hufen iâ, a'r mwyaf poblogaidd yw *almendrado* - hufen iâ plaen â chnau almon wedi eu malu o'i gwmpas, *bombón escocés* neu *suizo* - hufen iâ mewn cas o siocled, *Don Pedro* - hufen iâ mewn wisgi efo jam llaeth, hufen a chnau.

Ar ôl hyn i gyd, os bydd lle ar ôl, gellir cael cwpanaid o goffi neu de dail. O'r rhain y mwyaf poblogaidd yw *manzanilla* (*camomeil*), *boldo, tilo* (pisgwydden), *cedrón* (vervain lemonaidd).

Diodydd oer

Er bod dŵr tap yn iawn i'w yfed, mae'n well gan rai ddŵr potel. Os ydych chi'n archebu potel cofiwch nodi *con gas* neu *sin gas*. Yn lle'r *con gas* gellir gofyn am *soda* ac yn aml daw hwn i'r bwrdd yn yr hen fath o boteli geid yma ers talwm.

Ceir y diodydd arferol fel 7 UP, Coca Cola a Sprite ym mhobman. Un arall da i dorri syched yw dŵr tonig, *Paso de los Toros* sydd bellach ar gael â blas grawnffrwyth (*pomelo*) arno, ond gochelwch rhag yr un isel mewn caloriau gan nad yw ei flas gystal. Os am sudd oren iawn, yna gofynnwch am *jugo de naranja exprimido* sydd yn costio fwy neu lai yr un faint â chwpanaid fawr o goffi.

Os gofynnwch chi am goffi, dyna gewch chi, cwpanaid fach o goffi du, a phentwr o siwgr i'w roi i mewn ynddo, gan fod yr Archentwyr yn hoffi pethau melys. Os ydych chi am goffi mwy, gofynnwch am un *doble. Café cortado*, neu *cortado doble* yw coffi gydag ychydig o lefrith ynddo. Os am goffi llefrith, yna gofynnwch am *café con leche*. Os ydych chi'n teimlo nad oes digon o lefrith yn y *cortado* gofynnwch am *un poco más de leche, por favor*. Gwyliwch y te! Yr arfer yw rhoi bag te a dŵr poeth ichi, ond os ydych chi am lemwn gellir ei gael ond gofyn. Mae cael te efo llefrith yn fater mwy dyrys, gan mai'r hyn a gewch fel rheol yw cwpanaid o lefrith poeth a bag te ynddo. Y peth gorau yw gofyn am de a llond jwg o lefrith oer, sef *una jarrita de leche fría*. Diod arall ddiddorol i'r rhai sy'n hoffi siocled yw *submarino*, sef gwydraid o lefrith poeth a bar o siocled i'w doddi ynddo. Mae llawer o yfed mate yn Ariannin ac am hanes hwnnw gweler tudalen 65.

Mae Ariannin yn wlad y gwinoedd ac maen nhw'n dda ac yn rhesymol. Ar y cyfan, mae gwin coch, rhad yn gwbl yfadwy, ond byddwn yn argymell osgoi'r rhataf o'r rhai gwyn. Os ydych chi'n talu o bedwar peso i fyny, cewch win da iawn. Os ydych chi'n yfed rhywbeth cryfach na gwin, cofiwch fod unrhyw beth wedi ei fewnforio yn ddrud, felly rhowch gynnig ar wirodydd a wneir yn Ariannin.

YCHYDIG O HANES ARIANNIN

Rhaid cofio mai rhan o Ariannin yw'r Wladfa, mai Archentwyr yw'r rhai sy'n byw yno beth bynnag eu tras. Am y rhai sy'n siarad Cymraeg, Archentwyr ydyn nhw sy'n digwydd medru iaith y wlad y daeth eu cyndadau ohoni. Ydyn, maen nhw'n caru Cymru, ond pan fo tîm pêl droed Ariannin yn chwarae yn erbyn tîm Cymru does dim amheuaeth o gwbl pwy maen nhw'n eu cefnogi!

I ddeall y Wladfa, rhaid gwybod ychydig am Ariannin ei hun. Ar ddechrau'r G16 aeth sawl un o'r "hen fyd" i chwilio am diroedd yn y rhan yma o dde America, yn eu plith Juan de Solís, y cyntaf o Ewrop i gyrraedd yma, Magellan, Cabot a Pedro de Mendoza. Dros y môr y daeth y rhain i gyd, ond yn ddiweddarach ar y ganrif daeth Sbaenwyr eraill o gyfeiriad Chile a Perú a sefydlu trefi yn y gogledd orllewin.

Roedd ardal yr afon Plata o dan lywodraeth Sbaen, ac yn y G18 daeth yn bwysig fel canolfan masnach a thyfodd tref Buenos Aires yn aruthrol yn y cyfnod hwn. Roedd y boblogaeth yn gymysgfa o rai o dras Sbaenaidd, Indiaidd ac Affro Sbaenaidd.

Yn 1806 dechreuodd y Saeson lygadu'r wlad ond yn aflwyddiannus, gan iddyn nhw gael eu gorchfygu gan rai milwyr o Sbaen a brodorion dinas Buenos Aires. Roedd y ffaith iddyn nhw orchfygu byddin ddisgybledig yn gwneud i'r Archentwyr deimlo eu gwerth fel cenedl. Yr un pryd, bu'n rhaid sefydlu rhyw fath ar lywodraeth dros dro yn Buenos Aires gan i'r rhaglaw o Sbaen ffoi i Montevideo gyda'r rhan helaethaf o'i fyddin, a dechreuwyd teimlo mai yn eu dwylo hwy, bobl y wlad, yn hytrach nag yn nwylo Sbaen bell i ffwrdd y dylai'r dyfodol fod.

Pan aeth Napoleon Bonaparte i mewn i Sbaen yn 1808 gwelodd rhai o ddeallusion Buenos Aires eu cyfle, a chanolbwyntio ar sefydlu cenedl newydd. Ond doedd y drefn ddim mor hawdd ei newid gan fod yr awdurdod wedi bod yn hir yn nwylo'r masnachwyr cyfoethog, yr eglwys a'r tirfeddianwyr. Golygai hynny nad oedd pawb yn derbyn y syniadau newydd.

Oherwydd y diffyg undod hwn bu sefydlu cenedl annibynnol yn broses anodd. Ar 25 Mai, 1810 sefydlwyd llywodraeth annibynnol yn Buenos Aires, a dathlir y diwrnod hwn yn Ariannin fel Diwrnod y Chwyldro. Ond yn dilyn y sefydlu bu rhyfela mewnol rhwng gwahanol garfanau, a chafwyd sawl llywodraeth fu'n fyr ei pharhad. Fodd bynnag, yn y flwyddyn 1816, ar 9 Gorffennaf, bu datganiad o annibyniaeth o dan faner las a gwyn Taleithiau Unedig De America.

Roedd byddinoedd Sbaen yn dal i fod yn y wlad, a José San Martín fu'n gyfrifol am gael gwared ohonyn nhw. Dyma un o arwyr mawr Ariannin y mae stryd neu sgwâr wedi ei henwi ar ei ôl ym mhob tref drwy'r wlad, eto i gyd, ychydig o anrhydedd gafodd yn ei ddydd, a bu farw yn ddigon dinod yn Ffrainc.

Er cael gwared â byddinoedd Sbaen, doedd y wlad newydd ddim yn heddychlon o bell ffordd. Daliai'r brwydro mewnol rhwng yr hen drefn a'r newydd a rhwng gwahanol bersonoliaethau, a rhwng tref Buenos Aires a gweddill y wlad. Dyma gyfnod Juan Manuel de Rosas. Bu'n teyrnasu am dros ugain mlynedd nes cael ei orchfygu gan un a fu gynt yn deyrngar iddo. Yn 1852 gorchfygodd byddin wedi ei harwain gan Urquiza fyddin Rosas, a dyna ddiwedd ar yr unben a dechrau cyfnod newydd, gwell yn hanes y wlad.

O 1852 hyd 1880 bu'n gyfnod o roi'r wlad newydd ar seiliau cadarn a threfnu'r sefydliadau angenrheidiol at ei gweinyddu. Yn 1853 lluniwyd cyfansoddiad y wlad a dewiswyd Urquiza yn arlywydd cyntaf. Daliai'r hen anghydfod rhwng y brifddinas a gweddill y taleithiau ond yn 1862 gwnaethpwyd Buenos Aires yn brifddinas y weriniaeth a'r dalaith, ond bu'n rhaid aros hyd 1880 cyn iddi ddod yn brifddinas ffederal. Pan laniodd y Mimosa yn 1865, yr arlywydd oedd Bartolomé Mitre, a dilynwyd yntau yn ei dro gan un o'r dynion mwyaf yn hanes y wlad, sef Domingo Faustino Sarmiento. Bu'n llywodraethu o 1868 hyd 1874 ac yn ystod y cyfnod hwn datblygodd y wlad mewn sawl ffordd, gan i Sarmiento ymorol am addysg i'r bobl yn ogystal â denu miloedd o'r tu allan i godi rheilffyrdd.

Yn 1874 daeth Avellena yn arlywydd a chyda'i

weinidog rhyfel bu'n gyfrifol am gyrch yn erbyn brodorion Patagonia gan agor y rhan hon o'r wlad i'w sefydlu.

Yn 1880 dechreuodd oes aur Ariannin, y cyfnod o sefydlogi a chynyddu, o sefydlu masnach a phapurau newydd, o agor tŷ opera a chyhoeddi gweithiau llenyddol. Mewn geiriau eraill, roedd y datblygiad yn ddiwydiannol a diwylliannol. Ond doedd popeth ddim yn dda, gan fod byd y gweithwyr yn ansicr, ac roeddent hwythau yn eu tro yn cynnal streiciau fel bod y llywodraeth wedi troi arnyn nhw a saethu llawer mewn wythnos drasig yn 1919. Yn ystod y cyfnod yma Hipólito Yrigoyen oedd yr arlywydd ond pan ddaeth y dirwasgiad mawr collodd ei swydd.

Dyma ddechrau cyfnod o ansicrwydd yng ngwleidyddiaeth y wlad â'r naill lywodraeth yn dilyn y llall hyd i'r milwyr ymyrryd yn y flwyddyn 1943. Yn ystod cyfnod y milwyr y daeth Juan Domingo Perón i'r amlwg am y tro cyntaf. Er na fu'n llywodraethu ond am 11 mlynedd deil ei ddylanwad hyd heddiw gan iddo ffrwyno ynni'r gweithwyr a'u gwneud yn rym dylanwadol mewn gwleidyddiaeth. Daeth yn arlywydd y wlad yn 1946 ac yn fuan daeth ei wraig Eva, neu Evita, yn hynod o boblogaidd gyda'r bobl gyffredin.

Roedd Ariannin, yn y blynyddoedd yn dilyn yr ail ryfel byd, yn wlad gyfoethog ag iddi gymaint o bosibiliadau. Â phopeth yn ffynnu, does ryfedd i Perón gael ei ail ethol yn 1951. Ond bu Eva farw, a doedd pethau ddim cystal yn economaidd, ac yn 1955 bu cyrch llwyddiannus gan y milwyr a ffodd Perón i Paraguay.

Yn ystod y deunaw mlynedd nesaf bu gan Ariannin naw arweinydd. Yna yn 1973 daeth Perón yn arlywydd unwaith eto. Roedd bellach yn briod ag Isabel, a hi oedd yr is arlywydd yn y llywodraeth newydd, a phan fu farw Perón yn 1974 hi oedd yn llywodraethu. Ond doedd dim llewyrch ar ei llywodraeth ac yn 1976 daeth y milwyr i rym unwaith yn rhagor.

Llywodraeth filwrol fu yn Ariannin wedyn hyd 1983 o dan reolaeth pedwar *junta*. Yn ystod y cyntaf o'r rhain, yn cael ei arwain gan y cadfridog Videla, y diflannodd miloedd o bobl, yn eu plith, gannoedd ar gannoedd o rai cwbl ddiniwed. Dyma gyfnod tywyll iawn yn hanes Ariannin.

Y cadfridog Viola a ddaeth nesaf, ac yna enw arall sy'n adnabyddus iawn i ni i gyd, sef y cadfridog Galtieri. Pan ddaeth i rym roedd sefyllfa economaidd y wlad yn ddrwg, y ddyled dramor yn afresymol o uchel a chwyddiant ar gynnydd. A dyma pryd y bu rhyfel y Malvinas rhwng Ariannin a Phrydain. Dechreuodd 2 Ebrill, 1982 a gorffen 14 Mehefin, a thridiau wedyn ymddiswyddodd Galtieri. Fe'i dilynwyd dros dro gan Reynaldo Bignone, ond roedd dyddiau'r milwyr ar ben, ac yn etholiadau 1983 daeth y Radical, Raúl Alfonsín yn arlywydd ei wlad, yr arweinydd democrataidd cyntaf ers wyth mlynedd.

Ond roedd ei broblemau yn fawr iawn a daliai chwyddiant i gynyddu nes cyrraedd 1000% y flwyddyn. I ddelio â hyn newidiwyd gwerth yr arian a chafwyd enw newydd arno. Troes y *peso* yn *austral*, ond fel strategaeth i sefydlogi economi'r wlad, weithiodd o ddim, a rhoes hyn gyfle i'r Peronistiaid adennill tir. Rhoddwyd yr arweinwyr milwrol ar brawf am eu rhan yn peri i gymaint ddiflannu, ond dihangodd llawer o'r arweinwyr hynny yn ddianaf oherwydd grym y milwyr.

Yn ystod y cyfnod hwn roedd y Peronistiaid yn dod yn fwyfwy poblogaidd, a does ryfedd iddyn nhw ennill etholiad 1991. Yr arlywydd newydd oedd Carlos Menem, a newidiodd y cyfansoddiad er mwyn ei alluogi i sefyll am ail dymor yn y swydd. A dyma a ddigwyddodd iddo, drwy iddo ennill etholiad 1995 hefyd. Yn ystod y cyfnod llwyddodd i sefydlogi rhywfaint ar economi'r wlad drwy sicrhau fod y *peso* yn gyfwerth â *doler* Gogledd America. Ond er ei boblogrwydd, ni lwyddodd, oherwydd cyfansoddiad y wlad, i sefyll am drydydd tymor, ac yn etholiadau 1999 fe'i dilynwyd gan Fernando de la Rua, cynrychiolydd yr Alianza, cyfuniad o ddwy blaid.

Y CYMRY YN ARIANNIN

Mae'n siŵr bod y rhan fwyaf o'r rhai sy'n teithio i'r Wladfa yn gwybod sut y bu i Gymry fynd draw yno, ond dyma ychydig o fanylion, rhag ofn!

Roedd llawer o ymfudo yn ystod y ganrif ddiwethaf, peth ohono i Unol Daleithiau America, a rhan o'r ymfudo hwnnw oedd sefydlu gwladfa ym Mhatagonia.

Yr hyn ddigwyddai pan âi Cymry i fyw ymhlith cenhedloedd eraill oedd colli iaith ac arferion mewn amser cymharol fyr, ac yn naturiol, doedd hyn ddim wrth fodd pawb. Un o'r rhai oedd yn ymwybodol iawn o'r hyn ddigwyddodd i'r rhai a ymfudodd i'r Unol Daleithiau oedd Michael D Jones, prifathro Coleg Annibynnol y Bala. Bu ef yn yr Unol Daleithiau am gyfnod ar ôl gorffen ei gwrs i fynd i'r weinidogaeth, a gwelodd mor anodd oedd hi ar y Cymry a ymfudai, gan nad oedd eu Saesneg yn ddigonol yn aml ar gyfer dod o hyd i waith addas. Teimlai mai'r unig ateb yn y pen draw fyddai sefydlu gwladfa Gymreig mewn man lle na byddai cenhedloedd eraill yn dylanwadu ar yr iaith a'r arferion.

Rhaid cofio bod hwn yn gyfnod o dlodi yng Nghymru, ac yn gyfnod pan oedd yr eglwys wladol Seisnig law yn llaw â'r meistri tir. Golygai hyn fod bywyd tyddynwr a gweithiwr y chwarel lechi a'r pwll glo yn galed, a'u bywoliaeth yn fregus. Oni bai bod dyn yn troi cefn ar ei egwyddorion ac yn fodlon ymgrymu i'r sefydliad prin oedd ei gyfle i godi o'i dlodi. Hefyd, i ddod ymlaen yn y byd, roedd gwybodaeth o'r Saesneg fel petai'n hanfodol.

Nid Michael D Jones oedd yr unig un i boeni am y sefyllfa fel yr oedd yng Nghymru ar y pryd. Dyna pam yr aeth cynifer dramor. Ymhlith y rhai a aeth i Wisconsin roedd Edwin Cynrig Roberts, bachgen naw oed a aeth allan gyda'i deulu. Ond roedd y ffaith ei fod yn Gymro o bwys mawr i'r bachgen hwn a doedd o ddim yn fodlon gweld yr iaith yn marw ymhlith ei gyfoedion. Mewn cyfarfodydd cyhoeddus dechreuodd siarad o blaid sefydlu Gwladfa mewn man arall ble gallai'r Cymry fod yn rhydd o ddylanwadau estron.

Dyma felly ddau yn yr Unol Daleithiau yn rhannu'r un freuddwyd, ac yng Nghymru roedd rhagor o rai tebyg. Daethai Michael D Jones yn ei ôl yma a bwrw ymlaen â'i ymgyrch wladfaol, ond, yn 1858, ar wahoddiad arweinyddion y cymdeithasau gwladfaol, dychwelodd i'r Unol Daleithiau i anerch cyfarfodydd yno, gan geisio uno'r rhai oedd yn frwdfrydig dros yr achos. Yno, yn yr Unol Daleithiau, roedd brwdfrydedd mawr dros fynd i Batagonia ond, er i Edwin Roberts ac eraill godi mintai i fynd yno, methiant fu eu cynllun a pherswadiwyd Edwin i fynd i Gymru ac ymuno yno ag ymgyrch wladfaol Michael D Jones.

Yng Nghymru deuai nifer o wŷr amlwg at ei gilydd i drafod sefydlu gwladfa, yn eu plith Hugh Hughes (Cadfan Gwynedd) a Lewis Jones. Bu trafodaethau lawer cyn penderfynu y dylid ystyried o ddifrif y posibilrwydd o wladychfa ym Mhatagonia. Wedi'r cyfan, roedd llawer o blaid y lle. Roedd yr ardal wedi ei hagor yn barod ar gyfer ymfudwyr gan y llywodraeth yn Buenos Aires, oedd yn honni fod hwn yn dir heb fod iddo berchenog. Roedden nhw'n chwilio am ymfudwyr ddeuai yn heddychlon heb fynnu ceisio gorchfygu'r wlad a'i gwneud yn eiddo i'w gwlad enedigol. Ac roedd ar Ariannin ofn i Chile hawlio'r tiroedd iddi ei hunan. Byddai cael cytundeb rhyngddi ac ymsefydlwyr yn fodd i rwystro hyn. O ochr Cymru, roedd hon yn wlad anghysbell nad oedd ynddi ymfudwyr eraill, a golygai hynny y câi'r iaith Gymraeg ffynnu yno a'r arferion eu parchu.

Anfonwyd Lewis Jones a Love Jones Parry, o Gastell Madryn yn Llŷn, i archwilio'r wlad, a chawsant bob cefnogaeth gan Guillermo Rawson, y Gweinidog Cartref. Penderfynwyd bod y tiroedd o ddeutu afon Chubut yn addas ar gyfer ymsefydlu, a chytunwyd ag amodau a roddwyd gan lywodraeth Buenos Aires. Yn ôl yr amodau hyn, fyddai'r Wladfa newydd ddim yn wlad annibynnol ond yn rhan annatod o Ariannin ac yn cael ei llywodraethu ganddi.

Bu llawer o drafod ac ymgecru wedi'r ymweliad yma, ond cymaint oedd brwdfrydedd yr arweinwyr nes gorchfygu pob rhwystr a rhoi heibio pob amheuaeth. Aeth Michael D Jones ymlaen â'r trefniadau gan rentu llong ar gyfer y teithwyr cyntaf, sef yr Halton Castle, ac aeth Edwin Roberts a Lewis Jones i Ariannin er mwyn paratoi ar eu cyfer. Ond doedd yr Halton Castle ddim yn barod mewn pryd ar gyfer y daith a gorfu i Michael D Jones logi llong arall, y Mimosa, a'i haddasu.

Ar y Mimosa, hen long fu'n cludo te o'r Dwyrain Pell, y daeth y fintai gyntaf allan i'r Wladfa, gan gychwyn o Lerpwl 28 Mai 1865 a chyrraedd y Wladfa ymhen deufis union. Ar ei bwrdd roedd tua 160 o wŷr, gwragedd a phlant, ynghyd â'u dodrefn a rhai anifeiliaid. Fu'r daith ddim yn un ddigynnwrf, gan i storm godi gyda iddynt adael Lerpwl ac eto wrth nesu at Frasil. Bu farw pedwar o blant ar y daith, ganwyd dau a chofrestrwyd priodas pâr ifanc ar fwrdd y llong.

Er bod peth darpariaeth ar eu cyfer, siom a deimlai'r rhan fwyaf wrth gyrraedd y Bae Newydd. Roedd hi'n ganol gaeaf, roedd y lle yn anial iawn ac roedd cysgod a dŵr yn brin. Y peth cyntaf yr oedd yn rhaid ei wneud oedd mynd tua'r de i chwilio am yr afon. Aeth y dynion yn grwpiau bach ar draws y paith ond cludwyd y gwragedd a'r plant mewn llong at geg yr afon Chupat, neu Chubut, gan ymsefydlu yno mewn hen gaer a alwyd wedyn yn Gaer Antur. Dyma'r dref a alwyd yn ddiweddarach ar enw Guillermo Rawson yn Drerawson (Rawson heddiw).

Roedd y llywodraeth wedi addo 50 hectar (1 hectar = 2.47 erw/acer) o dir i bob teulu ac roedd y tir hwnnw o bobtu'r afon i fyny'r Dyffryn tua'r Gorllewin. Felly, gadawyd y gwragedd a'r plant yn niogelwch yr hen gaer tra âi'r dynion i weithio'r tir er mwyn plannu ar gyfer y gwanwyn dilynol. Yn anffodus, roedden nhw wedi cyrraedd yn rhy hwyr i'w llafur ddwyn ffrwyth y flwyddyn honno, ac o hynny ymlaen methu fu hanes y cynhaeaf oherwydd prinder glaw ar yr adeg gywir. Ond roedd digon o ddŵr yn yr afon, ac unwaith y dechreuwyd agor ffosydd ohoni i ddyfrio'r tir, gwelwyd ei fod, yn wir, yn dir ffrwythlon iawn. Ond weithiau ceid gormodedd o ddŵr, a hwnnw'n gorlifo'r dyffryn nes chwalu cnydau a chartrefi.

Bu'r blynyddoedd cynnar yn rhai cythryblus, yn llawn rhwystrau ac anghydfod yn aml, ond eto ffurfiwyd cymuned glos, oedd ar y dechrau yn gwbl Gymreig. Er codi baner Ariannin yn Rawson 15 Medi 1865, a thrwy hynny arddel hawl y wlad honno ar y tir, cafodd y Cymry ddigon o gyfle ar y dechrau i weithredu yr hyn yr oedd Michael D Jones wedi breuddwydio amdano, sef, a dyfynnu ei eiriau ef:

Bydd yno gapel, ysgol a senedd, a'r hen iaith fydd cyfrwng addoli, masnach, gwyddoniaeth, addysg a llywodraeth. Gwnaiff cenedl gryf a hunan-gynhaliol dyfu mewn gwladfa Gymreig.

Yn naturiol ddigon, Cymraeg oedd iaith pob peth ar y dechrau, yn addysg, crefydd, masnach, llywodraeth a phopeth arall. Ond wrth i ragor o ymfudwyr gyrraedd y fan newidiodd pethau'n raddol, a fesul tipyn, trwy bwysau o Buenos Aires, cymathu ag eraill, a difrawder ar ran y Cymry eu hunain, y Sbaeneg a orfu.

Y Gymraeg fu iaith diwylliant o'r dechrau, gyda sefydlu papur newydd Y Brut yn Ionawr 1868, dilyn hwnnw gan Ein Breiniad yn Medi 1879 a hwnnw wedyn gan Y Drafod yn 1891. Yn ôl Joseph Seth Jones, cynhaliwyd eisteddfod gyntaf y Wladfa ddydd Nadolig 1865, a dywedir bod seremoni'r orsedd wedi ei chynnal yn gynnar yn y bore. Nid oedd cadeiriau ar gael, felly rhoddwyd llyfr yn wobr i'r prif enillwyr.

Ond tyfodd y Wladfa'n gyflym gyda dyfodiad y rheilffordd. Daeth Trelew i fod yn 1886 gan mai oddi yno y gweithiai llawer, gan uno'r rheilffordd â'r pen arall ym Madryn. Yn 1885 sefydlwyd wrth droed yr Andes, mewn man a alwodd y Cymry'n Gwm Hyfryd. Bu chwilio dyfal am ragor o dir cyn hyn ac ymsefydlodd rhai teuluoedd mewn mannau eraill o fewn y wlad, ond dyma'r sefydliad pwysicaf y tu allan i'r Dyffryn.

Bu cyfnod ynghanol yr ugeinfed ganrif pan gredai pawb mai dim ond mater o amser oedd hi cyn y byddai'r olaf o siaradwyr Cymraeg y Wladfa yn marw. Roedd y pellter rhyngddi â Chymru mor fawr. Cafwyd dau ryfel byd wnaeth teithio'n anodd. I raddau helaeth iawn darfu'n berthynas glos rhwng y teuluoedd ar ddwy ochr yr Iwerydd.

Efallai mai'r hyn a roes rywfaint o hwb i'r iaith oedd dathlu canmlwyddiant y sefydliad. Yn 1965 aeth mintai sylweddol o Gymry draw yno, y nifer mwyaf i fynd ers y blynyddoedd cynnar. Yn 1965 hefyd, daeth dirprwyaeth o bobl ifanc drosodd o'r Wladfa am gyfnod o dri mis ar wahoddiad Pwyllgor Canmlwyddiant y Wladfa. Gwahoddwyd un ohonynt i aros ymlaen am flwyddyn i astudio Cymraeg yng ngholeg Harlech, ac, o hynny ymlaen, dechreuodd ieuenctid y Wladfa ddod i'r coleg hwnnw i ddilyn cyrsiau Dysgu Cymraeg. Yn 1975 daeth criw mawr o wladfawyr i Gymru. Roedd hyn i gyd yn fodd i ailddeffro diddordeb y naill yn y llall. Roedd yr eisteddfod wedi darfod yn y Wladfa, ond cafwyd un lwyddiannus iawn adeg y canmlwyddiant ac fe'i cynhelir hyd heddiw. Dros y blynyddoedd, wrth i deithio ddod yn rhatach ac yn haws, aeth llaweroedd o bobl o Gymru draw i'r Wladfa, ond ar y dechrau pobl hŷn oedd y rhain, nes i ieuenctid y Wladfa gredu mai iaith hen bobl oedd y Gymraeg. Ond yn ystod y blynyddoedd diwethaf yma aeth nifer fawr iawn o bobl ifanc draw yno, gan fynd â'u diwylliant gyda hwy. Hefyd daw nifer o bobl ifanc y Wladfa i Goleg Llambed pob haf i ddilyn cwrs Dysgu Cymraeg. Erbyn hyn ffurfiwyd cyfeillgarwch newydd rhwng dwy wlad fu ar wahân mor hir.

Bellach, mae'r Gymraeg yn cael ei lle unwaith eto yn Ariannin. Fydd hi ddim yn iaith gyntaf yno byth eto, ond mae'n datblygu i fod yn ail iaith i lawer yn Nyffryn Chubut ac yn yr Andes. O dan nawdd y Swyddfa Gymreig yn gyntaf, ac yna'r Cynulliad, mae athrawon Cymraeg yn mynd allan yn flynyddol i gynnal dosbarthiadau, gan ddal ymlaen â'r hyn a wnaed yn wirfoddol gynt gan rai athrawon o'r Wladfa ac o Gymru. Yn bwysicach, efallai, mae rhai a ddysgodd Gymraeg yn y dosbarthiadau hyn yn athrawon ac yn cynnal dosbarthiadau ar hyd a lled y Dyffryn a'r Andes, ac yn fwy diweddar, yn nhref Comodoro Rivadavia.

CYN CYCHWYN

MANYLION

Gwybodaeth:
Gellir cael gwybodaeth am Ariannin, a hwnnw'n aml yn cynnwys mapiau, drwy gysylltu â'r swyddfa dwristiaid yn

27 Three Kings Yard, Llundain W1Y 1FL
(Ffôn: 020 7318 1340)

Petai problemau mawr iawn na ellir eu datrys mewn unrhyw ffordd arall pan fyddwch yn Ariannin, cysylltwch â'r llysgenhadaeth Brydeinig yn

Dr Luis Agote 2412, Buenos Aires
(Ffôn: 011 4803 7070)

Yr amser:
Yn ystod ein gaeaf ni, mae Ariannin deirawr ar ein holau, ac yn ystod yr haf, bedair awr. Ar hyn o bryd dydyn nhw ddim yn newid yr awr yn ôl haf a gaeaf, ond gallai hyn newid gan y bu sôn am droi'r clociau

yn ystod mis Mawrth 2000. Er na ddigwyddodd hyn ddim, gallai ddigwydd yn y dyfodol.

Y tywydd:

Un o'r pethau fydd pawb yn holi yn ei gylch yw'r tywydd, gan fod hyn yn effeithio ar y dillad y bydd eu hangen. Gan fod y wlad yn anferth, mae hwn yn amrywio o le i le ac o'r naill adeg o'r flwyddyn i'r llall. Mae ardal Buenos Aires yn gallu bod yn fwll iawn ac ar adegau ceir llawer o law. 'Dyw'r gaeafau ddim yn oer iawn yma ond gall yr haf fod yn hynod o boeth. Yn ardal Iguazú ceir llawer o law a thywydd poeth a mwll eto. Ar y cyfan, mae taleithiau'r gogledd yn boeth a'r rhai mwyaf dwyreiniol ohonyn nhw'n sych. O ddod i lawr i gyfeiriad y Wladfa ceir newid yn y tywydd. Bellach, ceir llai o dywydd mwll a gall yr hafau fod yn hynod o braf. Yn ddiweddar, ceir mwy o law drwy'r flwyddyn, ond i Gymro mae'n dal i fod yn ychydig. Weithiau fodd bynnag, ceir glaw mawr annisgwyl sy'n dod â llifogydd yn ei sgil, ond nid yn aml y digwydd hyn. Mae'r gaeafau'n oerach na rhai Cymru ond prin yw'r dyddiau di-haul. Mae ardal yr Andes yn wahanol eto, gan fod y gaeaf yn hir yno a'r haul yn brinnach. Bu adeg pan geid eira'n gyson ond bellach ychydig a geir, a chymharol ychydig o law hefyd. Ond y duedd yw i'r tywydd fod yn oerach yno a'r haul yn brinnach. O fynd fwy i'r de ceir newid eto, gyda'r tywydd yn oeri, a'r gaeaf yn hirach.

Un peth sydd yn synnu rhai yw'r gwynt a geir ym

Mhatagonia. Gall hwn fod yn gryf iawn ar adegau a gall fod yn boeth neu'n oer yn ôl ei gyfeiriad. Y peth od i'r Cymro yw clywed cyfeirio at y "gwynt poeth o'r north."

O ystyried dillad, y gwir yw fod angen ychydig o bopeth, gan y gall fod yn annisgwyl o oer ar adegau yn yr haf, yn rhyfedd o boeth yn y gaeaf, a gall lawio ar unrhyw adeg. Felly y peth mwyaf ymarferol yw haenau o ddillad a rhyw fath o gôt law ysgafn. Nid yn aml y bydd ymbarél yn ymarferol yn y Wladfa er y gall fod yn hwylus yn Buenos Aires.

Gochi dillad:

Mae digon o gyfle i olchi dillad hyd yn oed wrth deithio, gan fod yna dŷ golchi ym mhob tref, hyd yn oed mewn tref fach fel Gaiman. Os am wneud eich golchi eich hun, yna *Laverap* yw'r gair i chwilio amdano. Yn aml iawn, os ewch â'ch golchi yn ystod y bore, bydd rhywun yn fodlon ei wneud drosoch am bris bach iawn, ond os ydych am ei wneud eich hun, ewch yno yn ystod amser siesta os yw'n agored bryd hynny. Gallwch, hefyd, fynd â'ch golchi i siop sy'n golchi a glanhau dillad, a chewch wneud llond basged fawr am ryw $4.

Y DAITH

Man cychwyn taith i'r Wladfa i'r rhan fwyaf ohonom yw maes awyr, gan mai ychydig, os neb, sydd yn debyg o fynd yno mewn llong y dyddiau hyn. Felly tasg gyntaf pob teithiwr fydd cysylltu â rhyw gwmni teithio neu'i gilydd i drefnu o ble i hedfan. Dylai cwmni teithio lleol allu rhoi'r wybodaeth gywir ichi, ond nid felly y mae hi yn aml, a gwell fyddai cysylltu ag un o'r cwmnïau mawr i gael y prisiau gorau. Mae llawer o'r rhain yn hysbysebu yn y papurau Sul, ond un sy'n arbenigo yn Ne America yw Journey Latin America, sef cwmni o Lundain sy'n cael ei redeg gan Gymro Cymraeg o Fae Colwyn sy'n adnabod y Wladfa'n dda. Felly, bydd unrhyw gyngor a gewch ganddo yn werth gwrando arni.

Un broblem i'r rhai sy'n bwriadu aros yn Ariannin am amser hir yw'r ffaith mai dim ond 20kg o bwysau a ganiateir fel rheol, sef cynnwys un bag mawr, fwy neu lai. Ond mae rhai cwmnïau yn caniatáu dod â mwy (mae British Airways yn caniatáu 23kg) felly os yw hyn o bwys i chi, gwnewch yn siŵr eich bod yn teithio gydag un o'r rheini. Y broblem yw nad y rhain yw'r rhataf, fel rheol.

Does dim rhaid cadarnhau'r tocyn o Brydain draw, ond cofiwch y bydd yn rhaid cadarnhau pob taith ar ôl hynny, a hynny 72 awr ymlaen llaw os ydych yn mynd o'r wlad, neu 24 awr ymlaen llaw os mai taith fewnol yw hi. Mae'n bwysig iawn cysylltu â'r cwmni awyrennau yn syth ar ôl cyrraedd pob tref gan fod amseroedd hedfan yn gallu newid yn gwbl ddirybudd. Os yw o bwys ichi ymhle yn yr awyren y byddwch yn eistedd, gofynnwch am gael rhif eich set ymlaen llaw. Ar y daith i mewn ac allan o'r wlad mae patrwm y seti yn dueddol o fod yr un fath ym mhob awyren, sef tair set, llwybr, pedair set, llwybr, tair set.

Mae nifer fawr iawn o gwmnïau yn hedfan i Buenos Aires, ond pa un bynnag a ddewiswch, bydd y daith yn un hir, yn enwedig os nad ydych yn byw yn agos at faes awyr! Mae British Airways yn hedfan yn syth o Gatwick i Buenos Aires, ac mae hynny'n cymryd tair awr ar ddeg a hanner, ond rhaid newid yn rhywle ar y daith gyda'r cwmnïau eraill. Mae Aerolíneas Argentinas ac Iberia yn mynd drwy Sbaen, Air France drwy Baris, KLM drwy Amsterdam a Varig drwy Río de Janeiro. Dyma'r cwmnïau mwyaf poblogaidd ond mae'r dewis yn aml yn dibynnu ar y pris ar y pryd. Mae yna gynigion arbennig ar rai adegau, ac os nad yw'r union adeg o bwys, gellir cael bargen dda o fynd ar adeg y prisiau rhad. Mae'r prisiau wastad yn codi ganol haf ac o gwmpas y Nadolig ac mae rhoi'r union brisiau yma yn amhosibl. Fodd bynnag, mae tuedd i'r pris sylfaenol gyda'r rhan fwyaf o'r cwmnïau fod o gwmpas £600.

Ffordd arall o fynd i Ariannin yw gyda chwmni fel American Airlines neu United Airlines ac er bod hyn yn ddrutach, gellir aros am gyfnod yn Efrog Newydd ar y ffordd.

Mae rhai cwmnïau yn hedfan o Fanceinion a Chaerdydd, ond mae modd mynd i Lundain o'r meysydd awyr hyn i ddal unrhyw awyren. Gall hyn fod yn haws o lawer na mynd ar y trên, ac yn rhatach hefyd ar adegau. Mae'n werth holi ynghylch prisiau ac amserau.

Drwg pob un o'r cwmnïau, ar wahân i British Airways, ble nad oes rhaid newid ar ôl gadael Llundain, yw fod yn rhaid disgwyl yn gymharol hir yn Amsterdam, Paris neu Madrid. Mae hyn yn ddiflas iawn yn enwedig gan fod y rhan fwyaf o'r awyrennau'n gadael y meysydd awyr hyn tuag 11.00 y nos, ac erbyn hynny mae pobman ar gau. Ond felly mae teithio mewn awyren! Ac ar y llaw arall, mae newid awyren weithiau'n torri ychydig ar y daith!

Mae llawer o sôn am "jet lag" a'i effeithiau. Yn naturiol, mae teithio'n effeithio ar rythm y corff, ond wrth fod yn ddoeth mae modd osgoi gormod o broblemau. Tuedd dyn yw bwyta ac yfed gormod ar y daith am ei fod yn fodd o lenwi'r amser ac am fod y cyfan i'w gael am ddim. Y cyngor gorau yw, peidio â bwyta mwy nag sydd raid a pheidio ag yfed alcohol. Gan fod y corff yn sychu yn ystod y daith, mae yfed digonedd o ddŵr yn bwysig iawn. Ar ôl cyrraedd y pen arall y peth gorau yw dilyn oriau'r wlad a pheidio â mynd i'r gwely'n rhy gynnar, er mor anodd fydd hynny.

NODYN O RYBUDD

Cofiwch fod bagiau yn gallu mynd ar goll. Os ydych yn dod â dau fag llai, rhowch gymysgfa o bethau yn y ddau. Mae'n ddoeth rhoi dillad i newid iddyn nhw yn eich bag llaw, ynghyd â phethau molchi a thabledi. Peidiwch byth â rhoi pethau gwerthfawr iawn yn y bag yr ydych yn ei anfon, a pheidiwch â rhoi arian ynddo. Mae rhannu'r arian rhwng gwahanol guddfannau yn ddoeth, a gellwch roi peth mewn bag llaw, mewn bag bol, ac unrhyw fan cudd arall!

ANGHENION TEITHIO

Yr hyn sydd yn rhaid ei gael yw pasport cyfredol sydd ag iddo fwy na chwe mis i fynd ar ôl y dyddiad y byddwch yn dod yn ôl. Oni bai eich bod am aros am fwy na chwe mis does dim rhaid wrth *visa.* Yn dechnegol, dylid cael un os am aros am fwy na thri mis, ond yr hyn y mae pawb yn ei wneud yw croesi'r ffin i wlad arall fel Chile am y diwrnod a chael stamp o'r newydd ar y pasport.

Bydd rhai meddygon yn cymeradwyo cael pob math o bigiadau, ond does dim yn gwbl angenrheidiol. Fodd bynnag, byddai'n ddoeth cael pigiad rhag tetanws, a rhag hepatitis, gan fod hwnnw i'w gael yno. Oni bai eich bod am fynd i un rhan arbennig o ogledd Ariannin, does dim angen tabledi malaria. Ond mae yma fosgitos, yn heidiau yn yr haf, a rhyw hen bryfetyn arall o'r enw *jejen*, felly mae hylif neu hufen rhag y rhain yn angenrheidiol. Ac wrth gwrs, rhaid wrth rywbeth rhag yr haul, sy'n gallu bod yn hynod o gryf.

Mae'n gwbl angenrheidiol cael yswiriant iechyd da ar gyfer y daith. Efallai y bydd eich yswiriant tŷ yn ddigonol ar gyfer eich eiddo ond os nad yw, rhaid ichi gael yswiriant teithio fydd yn cynnwys hynny hefyd.

Mae rhai pobl sy'n gwisgo lensys cyffwrdd yn cael problemau oherwydd y sychder. Byddwn yn cynghori unrhyw un sy'n dibynnu arnyn nhw i gael gair yn eu cylch cyn dod allan . Mae hefyd yn bwysig dod â sbectol y gellir ei gwisgo yn eu lle petai angen. Cynghorir pob un sy'n gwisgo sbectol i ddod â'r presgripsiwn ar ei chyfer rhag ofn ei cholli neu ei thorri.

Does dim problemau arbennig ynghylch yfed dŵr tap, ond efallai na fyddwch yn hoffi ei flas ym mhobman. Yn Tierra del Fuego, a ble mae'n fwy trofannol tua'r gogledd byddai dŵr potel yn fwy diogel. Ond chlywais i erioed am neb yn cael problemau yn unman. Gwyliwch rhag peidio ag yfed digon, yn enwedig yn y gwres, ac os yw'n boeth iawn, cofiwch fwyta pethau hallt.

Arian, cardiau plastig a sieciau teithio:

Rhaid wrth arian, wrth gwrs. Bydd rhai yn dibynnu'n llwyr ar gardiau plastig, ac erbyn hyn mae modd gwneud hynny i raddau. Ond os ydych am fynd i bentrefi llai gallech fod mewn trafferthion. A phetai'r gyfradd gyfnewid yn newid yn sylweddol gallai'r cerdyn fod yn ddiwerth am rai dyddiau. Felly byddai'n ddoeth mynd ag arian mewn rhyw ffurf neu'i gilydd, yn sieciau teithio neu'n ddoleri. Cofiwch mai doleri'r Unol Daleithiau a sieciau teithio'r wlad honno, rhai Thomas Cook neu American Express, a ddefnyddir. **Rhaid i'r doleri fod yn rhai newydd heb unrhyw farc o gwbl arnyn nhw neu fydd neb yn eu derbyn.**

Os mai sieciau American Express fydd gennych chi, gallwch eu newid yn ddi-dâl yn eu swyddfa ar Plaza San Martín yn Buenos Aires. Yn ddiweddar, bu trafferth i newid y rhain yn y Wladfa gyda dim ond banc y Nación yn fodlon eu derbyn, a does dim cangen o hwn ym mhobman, felly gofalwch gyrraedd i lawr yno gyda digon o arian parod. Gellir tynnu arian o dwll yn y wal fel gartref, ond unwaith eto, does dim un o'r rhain ym mhobman. Wrth dynnu arian o'r peiriant, mae'n rhatach o lawer defnyddio eich cerdyn banc (Maestro/Cirrus/Link) na'r Mastercard.

Am y cardiau plastig, mae'r rhai arferol yn cael eu derbyn mewn siopau a thai bwyta yn ogystal ag yn y gwestai. Y mwyaf derbyniol yw Mastercard. Gellir defnyddio Visa mewn rhai mannau ond gwell peidio â dibynnu arno. Mae'n ymddangos bod problem yn ddiweddar wrth geisio defnyddio cerdyn yng ngwesty'r Sheraton yn Iguazú, ond fe all fod yn broblem dros dro yn unig.

Ar hyn o bryd mae'r *peso*, sef arian Ariannin, yn gyfwerth â'r dolar, a gellir gwario doleri heb eu newid i'r *peso* ym mhobman bron. Ond i newid papur cant, dyweder, rhaid mynd i fanc neu i un o'r archfarchnadoedd mawr. Am y *peso*, ceir papurau 2, 5, 10, 20, 50 a 100. Mae'r 2 yn las, y 5 yn wyrdd, y 10 yn frown, yr 20 yn goch, y 50 yn rhyw lwyd a'r 100 yn biws. Erbyn hyn, does dim papur 1: mae hwnnw'n ddarn deuliw fel ein dwybunt ni. Yna ceir *centavos*, sef yr enw ar yr arian mân, a cheir darnau 5, 10, 25 a 50. Mae 50 yn hanner peso.

MANION PWYSIG

Pan fyddwch ar yr awyren bydd gofyn ichi lenwi ffurflen a rhoi ei hanner i mewn wrth ddangos eich pasport yn Buenos Aires. Ar honno rhaid ichi roi cyfeiriad ble byddwch yn aros. Gall fod yn gyfeiriad yn y brifddinas neu unrhyw le arall, ond cofiwch ei gynnwys! Rhaid cadw'r hanner arall at y daith yn ôl, ond peidiwch â phoeni os na fyddwch yn gallu dod o hyd iddo bryd hynny, cewch un arall yn y maes awyr heb unrhyw drafferth.

Trydan:
Mae hwn fel gartref, fwy neu lai, yn gweithio yn ôl 220v. Bydd angen addasydd arnoch chi gan fod eu plygiau'n wahanol ac yn amrywiol. Felly gofalwch gael addasydd da sy'n gallu cymryd mwy nag un math o blwg.

Rhentu car:

Fyddwn i ddim yn cymeradwyo hyn yn Buenos Aires. Yn un peth mae trafnidiaeth gyhoeddus yn dda iawn a thacsis yn gymharol rhad. Ond yn bwysicach, mae'r gyrru'n gwbl wallgof, felly er diogelwch, peidiwch â rhentu car yma. Mae'n bosibl rhentu mewn mannau llai fel Trelew neu Esquel ond mae'r prisiau'n uchel iawn. Fel rheol, rhaid bod yn 21 oed i rentu, neu hyd yn oed yn 25. Dyma enwau rhai cwmnïau sy'n rhentu ceir yn Nhrelew: ***Avis*** *(Paraguay 105, Ffôn: 0054 2965 434834),* ***Localiza*** *(San Martín 88, Ffôn: 0054 2965 420120, e-bost: Localiza.tw@arnet.com.ar)*
Rent a car *(San Martín 125, Ffôn: 0054 2965 420898, e-bost: Patagonia_tw@arnet.com.ar)*
O'r rhain y rhataf yw ***Localiza***, ond digon tebyg yw prisiau pawb, sef am y car lleiaf, $32 y dydd a .28 am bob milltir, neu $43 y dydd am 50km, $70 y dydd am 150km a $90 y dydd am 300km. Gellir rhentu car bach am fis am $1,188 am 3000km.

Yn Esquel mae modd rhentu gan ***Avis*** drwy alw'r ffôn symudol: *15683333* (os ydych yn galw o Gymru, y rhif yw *0054 2945 683333*) neu drwy gysylltu ag ***Esquel Tours*** *(Avenida Fontana 754, Ffôn: 0054 2945 452704)*. Mae ***Localiza*** yn Esquel hefyd *(Rivadavia 1168, Ffôn: 0054 2945 453276,* neu'r ffôn symudol *15680859)*.

Mapiau:

Erbyn hyn mae'r rhain yn hawdd eu cael. Gellir eu prynu o *kiosco* neu o orsaf betrol ACA, sef fersiwn

Ariannin o'r AA, ble maent i'w cael yn rhatach gyda cherdyn aelodaeth yr AA.

Gyrru:

Cofiwch yrru ar ochr dde'r ffordd. Yn Nhrelew, mae llawer o strydoedd un ffordd a cheir goleuadau traffig ar y croesffyrdd yng nghanol y dref. Er nad yw'r Archentwyr mor ddiamynedd â'r Eidalwyr, dyweder, mae eu cymeriad yn newid y tu ôl i olwyn car ac mae'r sylw a roir ganddyn nhw i'r rheolau yn brin iawn. Mae damweiniau'n gyffredin ond gyda gofal dylai'r gyrrwr profiadol fod yn iawn. Y peth i'w gofio yw fod gennych chi fwy i'w golli o fod mewn damwain nag sydd gan rywun o'r lle, felly ildiwch bob amser heb fyth fynnu'ch hawliau!

Dogfennau:

Bydd angen cael trwydded yrru ryngwladol cyn gadael cartref a chofio mynd â'ch trwydded yrru arferol gyda chi hefyd. Gwnewch yn sicr fod eich car wedi ei yswirio'n iawn, ond ddylai hyn ddim bod yn broblem gyda char wedi ei rentu. Pob rhyw hyn a hyn bydd yr heddlu'n stopio ceir ar y ffordd er mwyn sicrhau fod y papurau i gyd yn iawn, felly **cofiwch eu cario gyda chi bob amser**.

Tacsi neu Remis:

Mae mwy nag un gwahaniaeth rhwng y ddau. Mae remis yn ddrutach o dipyn, ond yn fwy diogel. Rhyw fath o dacsi preifat yw hwn a phan fyddwch yn ffonio i ofyn am un byddwch yn cael ei rif. Hyd yma, chlywais i ddim am neb yn cael ei dwyllo gan bod modd i bob teithiwr olrhain y gyrrwr. Ond nid yw hyn yn wir efo tacsi. Ceisiwch ofalu eich bod yn cael syniad o'r pris cyn cychwyn, bod gennych chi *pesos* mewn symiau bach, ac nid doleri, ar gyfer talu, a'ch bod yn ymddangos yn hyderus! Mae'n syniad gofalu eich bod yn cael car sy'n edrych yn weddol newydd ac nid rhyw hen racsyn.

Cildwrn:

Cofiwch fod cyflogau pobl y byddwch yn dod i gysylltiad â hwy yn isel iawn o'u cymharu â'n cyflogau ni, felly mae rhoi cildwrn mewn bwyty yn angenrheidiol. Bydd 10% yn plesio er nad yw pobl y wlad yn rhoi gymaint, yn aml. Fydd gyrwyr tacsi ddim yn disgwyl cildwrn i'r un graddau ond byddai'n gwrtais gadael y newid mân.

Prisiau:

Mae llawer sy'n crwydro De America'n dychryn wrth weld prisiau Ariannin. Os ydych chi'n dod o wlad fel Bolivia yna mae gorfod talu prisiau tebyg i rai Ewrop yn siŵr o'ch dychryn. Ychydig o bethau yma sy'n rhatach na gartref ac nid y pethau hynny yw'r rhai sy'n effeithio ar dwristiaid. Mae gwestai a thai bwyta yn codi prisiau digon tebyg i rai Cymru ac mae'r nwyddau yn y siopau yn ddigon tebyg o ran pris. **Felly peidiwch â meddwl am Ariannin fel gwlad o'r trydydd byd.**

Ffôn etc:

Mae ffonio o Ariannin i Gymru yn ddrud ac fel rheol does dim awr rad, ond weithiau ceir cynigion arbennig. Peidiwch byth â ffonio o'r gwesty ond ewch i *locutorio*. Ystafell yw hon ag ynddi nifer o gabanau ffôn ble cewch eistedd yn gysurus. Bydd desg wrth y drws ac yno y byddwch yn talu ar ddiwedd yr alwad ffôn. Dylai'r *locutorio* arddangos unrhyw gynigion rhad sydd ganddynt. Gellir hefyd anfon a derbyn ffacs o *locutorio*, ac mae mwy a mwy ohonyn nhw yn cynnwys cyfrifiadur fel y gellir derbyn ac anfon e-bost oddi yno.

Cofiwch mai'r rhif i ffonio Cymru o Ariannin yw 00-44. Peidiwch â dilyn hyn â'r rhif 0. Ac os ydych chi'n debyg o dderbyn galwad o Gymru, y côd yw 00-54 ar gyfer y sawl sy'n galw.

Mae mannau anfon a derbyn e-bost yn dod yn fwy cyffredin, ac ar adeg ysgrifennu'r llyfr hwn roedd pedwar ohonyn nhw yn Nhrelew a'r rheini'n costio rhyw $4 am awr, ac yn ychwanegol at y rhain mae modd defnyddio e-bost mewn ambell fan ffonio. Mae hwnnw fel arfer yn costio $6 yr awr. Fel rheol, gwerthir yr amser fesul chwarter awr. Mae modd cael awr am ddim o swyddfa'r prif gwmni ffôn yn stryd Roca, Trelew, ond rhaid trefnu rhyw wythnos ymlaen llaw.

Pwysau a mesur:

Y system fetrig sydd i'r ddau. Mae tymheredd yn cael ei fesur mewn graddau Celsius. I drosi'n fanwl gywir o hynny i raddau Farenheit rhaid lluosi efo 1.8 ac ychwanegu 32, neu'n llai manwl, gellir dyblu'r rhif ac ychwanegu 28 ato. Mae'n haws cofio bod unrhyw beth dros 20 gradd yn boeth a phopeth dros 30 yn boeth iawn.

Oriau agor:
Erbyn hyn mae'r rhain yn gallu amrywio'n fawr gan nad yw pob siop bellach yn dilyn y system gyfandirol o gau ar adeg siesta. Ond deil amryw i wneud hynny, yn enwedig yn y pentrefi, a golyga hyn na ellir siopa rhwng rhywdro ar ôl 12.30 hyd tua 4.00 neu 5.00. Eto mae'r oriau cau yn amrywio. Yn y brifddinas mae llawer o siopau'n agor drwy'r dydd a cheir archfarchnadoedd yn gwneud hynny ym mhobman, bron. Mae'r rhan fwyaf o siopau'n agor yn hwyr, hyd at 10.00 y nos weithiau. Mae swyddfeydd a banciau yn agor yn y bore, ond yn y brifddinas maen nhw wedi newid fel eu bod yn gweithio diwrnod o 8.00 tan 5.00. Yr hyn sy'n gwneud cofio amseroedd agor yn anodd yw'r ffaith eu bod yn amrywio yn ôl haf a gaeaf.

Dyddiau Gŵyl:
Mae yna nifer fawr o wyliau cenedlaethol a nifer pellach o rai lleol, felly yma rhestrir y prif rai yn unig:
Ionawr 1
Dydd Gwener y Groglith (ond nid dydd Llun y Pasg)
Mai 1
Mai 25
Mehefin 10
Mehefin 20
Gorffennaf 9
Gorffennaf 28 (yn nhalaith Chubut, i gofio'r Cymry'n glanio yma)
Awst 17

Hydref 12
Rhagfyr 25 (ond nid Gŵyl San Steffan)
Yn ychwanegol at y rhain ceir gwyliau eglwysig.

Oriau bwyta, bwyd a diod:
Mae tuedd i gael dau bryd bwyd iawn y dydd, sef cinio a swper. Ychydig o frecwast a geir fel rheol, sudd oren efallai, te neu goffi, bara, *media lunas* (*croissant* bach) neu fisgedi o fath *"cream crackers"*. Mae llawer o westai lle na chynhwysir brecwast yn y pris ac os felly mae'n ddiddorol mynd i'w gael i ryw gaffe bach ar y gornel sy'n llawn pobl ar eu ffordd i'r gwaith.

Mae cinio'n bryd llawer mwy difrifol a bydd pobl yn loetran drosto gan nad oes raid mynd yn ôl i'r gwaith ymhen yr awr gan amlaf. Mewn rhai mannau ceir bwydlen y dydd, sydd yn fargen, gan y bydd y pris yn cynnwys tri chwrs a diod. Digon tebyg yw pryd fin nos. Y sioc fwyaf i bobl o Gymru yw'r oriau bwyta, gan nad yw'n arferol cael swper nes ei bod wedi naw o'r gloch. Oherwydd hynny daw'r teithiwr yn gyfarwydd â bwyta rhywfaint amser te.

Mae bwyta yn wahanol yn Ariannin er nad yw'n hawdd egluro pam. Yn un peth, dyw'r syniad o gig wedi ei rostio yn un darn mawr, ac yna wedi ei sgleisio efo grefi, tatws wedi eu stwnsio a dau fath o lysiau ddim yn bodoli. Ceir cig wedi ei rostio, ond mewn darnau bach, a dim ond tatws neu salad a fwyteir gydag o. Llawer mwy cyffredin yw bwyta *milanesa*, sef cig wedi ei guro nes ei fod yn denau ac wedi ei orchuddio â briwsion bara, golwyth neu asennau. Mae digon o bysgod i'w cael ond eu bod yn wahanol i'n rhai ni. Mae eog fel rheol yn wyn, oni bai ei fod yn dweud ei fod yn binc! Mae pasta o bob math a pizza yn gyffredin iawn, ac yn aml, gan fod y pizza'n fawr iawn, gellir rhannu un rhwng criw. Hefyd, gellir cael dau beth gwahanol ar wyneb dau hanner! Yn wir, mae rhannu cig, pysgodyn, pasta neu salad rhwng dau yn gwbl dderbyniol.

Papur newydd:
Os nad ydych yn darllen Sbaeneg, ac os am gael gwybod beth sy'n digwydd yn y byd, gellwch brynu'r *Buenos Aires Herald* sydd yn cael ei werthu drwy'r wlad. Ar ddydd Sul bydd hwn yn cynnwys y *Guardian Weekly*, sef detholion o bapur newydd y *Guardian*.

Iechyd:
Fel y dywedwyd eisoes, mae'n bwysig fod gennych chi yswiriant digonol ar gyfer iechyd. Petaech chi'n ddigon anffodus i fynd yn sâl, mae yna ddoctoriaid da yn Ariannin a digon o ysbytai, er nad yw safon pob un ddim yn wych. Os mai aros mewn gwesty y byddech chi, yna dylai'r ddesg allu eich helpu i ddod o hyd i feddyg. Fel rheol, bydd yn rhaid i chi fynd ato fo yn hytrach na'i fod o'n mynd atoch chi. Mae yna ddigon o ddeintyddion da, hefyd, a dylech allu gweld un ar frys petai angen. Eto, cymerwch gyngor y gwesty wrth chwilio am un, ond os mai gwersylla ydych chi, gallwch fentro taro i mewn i le unrhyw

ddeintydd sydd yn hysbysebu yn y tudalennau melyn neu yn y papur lleol.

Yr Anabl:

Mae cyfleusterau ar gyfer rhai sydd, am ryw reswm, yn cael trafferth i symud o gwmpas, yn sâl iawn. Er bod y rhan fwyaf o adeiladau'n rhai unllawr mae llawer o risiau bach yma ac acw. Fydd dim cymaint o broblemau yn y gwestai mawr sydd ag iddyn nhw lifft, ond hyd yn oed wedyn pur anaml y ceir llawr cwbl wastad. Mae symud o gwmpas mewn lle fel Trelew yn anodd gan fod pob adeilad yn gyfrifol am ei balmant ei hun. Golyga hyn amrywiaeth mawr mewn lefelau, gyda stepen o un rhan o balmant i ran arall, ac amrywiaeth yn y deunydd, fel bod y cyfan yn beryglus, hyd yn oed i'r sawl nad oes ganddo broblemau! Mae hyn yn golygu fod gan unrhyw un sydd mewn cadair olwyn broblemau mawr. Ond wedi dweud hyn, mae caredigrwydd pobl yn ddi-ben-draw, a pheidiwch â gadael i broblemau eich rhwystro rhag mynd yno. Hyd yn oed os na fydd gennych chi gar mae tacsis yn ddigon rhad.

Toiledau:

Mae'r rhain i'w cael mewn archfarchnadoedd a mannau bwyta. Maen nhw fel rheol yn lân ond efallai na fydd yno bapur, felly gwell cario hancesi papur i bobman!

Problem dwyn:

Dyw'r broblem ddim gwaeth yma nag mewn

unrhyw wlad arall. Yn naturiol, mae mwy o broblem yn y brifddinas nag mewn trefi a phentrefi, ac yno rhaid bod yn ofalus iawn. Un peth na ddylid ei wneud yw gwisgo llawer o aur ac arian, gan roi'r argraff, felly, eich bod yn gyfoethog. Pobl dlawd yn manteisio ar eu cyfle yw llawer sy'n dwyn, felly cymerwch ofal mawr o'ch eiddo, yn enwedig camera, bag llaw a walet. Diflannodd fy mag, oedd ar lawr wrth fy nhraed, a hynny y tu mewn i'r gwesty, a minnau'n meddwl fy mod i'n wyliadwrus. Un tric sydd gan y lladron yw taflu siocled neu fwstard ar eich dillad heb ichi eu gweld, a chymryd arnyn wedyn eich helpu i'w sychu, ac ar yr un pryd ddwyn eich eiddo. Os digwydd rhywbeth tebyg i chi, anwybyddwch pob un o'ch cwmpas ac ewch i mewn i'r siop neu'r caffe agosaf. Ffolineb yw cerdded strydoedd dieithr, tywyll, yn y nos yn unrhyw fan.

Soniais eisoes am guddio arian. Mae cael bag bach o dan sgert neu drowsus yn ffordd ddiogel o'i gario ac yn anodd i neb gael ato, oni bai fod rhywun yn ymosod yn gorfforol arnoch chi, sydd yn annhebygol.

Anrhegion:

Os ydych chi am fynd â rhywbeth sy'n nodweddiadol o'r wlad adref, yna mae offer yfed mate'n ddigon ysgafn a rhwydd ei gario, a gellir gwario cyn lleied neu faint fynnir arno. Mae lledr yn dda, ond nid yn arbennig o rad oni bai eich bod yn mynd i siop ffatri yn Buenos Aires. Mae llawer o bethau wedi eu gwau gan yr Indiaid i'w cael, a darluniau o wlân i'w hongian ar y mur. Mae yna bob math o bethau aur ac arian a cherrig gwerthfawr yn cael eu gwerthu ac mae rhai ohonyn nhw'n dlws iawn. Ac wrth gwrs, fe gewch chi faint fynnoch chi o grysau T â lluniau a geiriau arnyn nhw. Yn y Gaiman gellwch brynu rhai Cymraeg.

Mae siopau ym mhob tref yn gwerthu pob math o anrhegion, o'r chwaethus i'r salw, ond o gael eich hunain yn ôl yn Buenos Aires heb brynu dim, ewch i siop o'r enw *Kelly's* yn stryd Paraguay (rhwng San Martín a Reconquista) ble gallwch brynu tipyn o bopeth.

Bodio:

Nid y ffaith ei fod yn beryglus sy'n gwneud hyn yn anodd ond y ffaith fod cyn lleied o drafnidiaeth mewn rhai ardaloedd. Gellir bodio'n rhwydd ar hyd y prif ffyrdd gan fod gyrwyr loriau'n ddigon balch o gwmni, ond unwaith yr ydych i lawr yn Chubut bydd pethau'n fwy anodd. Mae tipyn o fynd a dod rhwng Trelew a'r Andes ond fe allech fod yn anlwcus a gorfod aros yn hir i rywbeth ddod heibio.

Beicio:

Mae mwy nag un wedi mynd yno o Gymru yn unswydd er mwyn beicio yno. Mae hyn yn gwbl bosibl ond ichi gofio mai dim ond y prif ffyrdd sydd wedi eu palmantu. Mae'r ffyrdd eraill wedi eu gwneud o bridd a cherrig, ac nid rhai mân 'mo'r rheini bob amser. Os mai eich bwriad yw gwneud y daith ar draws y paith gan uno dwy ardal y Wladfa, byddai'n well ei gwneud am i lawr, hynny yw, o Esquel i Drelew, neu o'r Andes i'r Dyffryn. Bydd hyn yn golygu y byddwch yn mynd i lawr allt ac nid i fyny ac y bydd y gwynt y tu ôl i chi, fel rheol.

Dysgu Sbaeneg:
Mae gwybod rhywfaint o'r iaith cyn mynd yn help mawr. Os oes dosbarthiadau yn eich ardal, ewch iddyn nhw. Mae ychydig bach yn well na dim. A pheidiwch â phoeni os mai Sbaeneg Sbaen a ddysgir ichi, bydd yn ddealladwy i bawb.

Os oes arnoch chi awydd dysgu Sbaeneg ar ôl cyrraedd y wlad, yna mae digon o gyrsiau ar eich cyfer. Mae'r *Buenos Aires Herald* yn cynnwys hysbysebion ar gyfer gwahanol rai, gan gynnwys gwersi preifat, allai fod yn fwy defnyddiol os yw'ch amser yn brin.

Mae'r *Centro de Estudio del Español* yn Reconquista 719, llawr 11 E (Ffôn/Ffacs: 0054 11 4315 1156, e-bost: Martínduh@act.net.ar) yn cynnig cyrsiau byr am $11 yr awr a gwersi preifat am $17 yr awr. Yn Callao 194 mae *Tradfax* (Ffôn: 0054 11 4373 5581, Ffacs: 0054 11 4373 6074, e-bost: royal@einstein.com.ar). Digon tebyg yw'r prisiau yma.

CYRRAEDD

Unwaith y mae gennych chi basport ac arian yna dyna chi'n barod ar gyfer y daith. Ond beth am y pen arall? Beth fydd yn eich disgwyl chi yno? Byddwch yn cyrraedd maes awyr Buenos Aires, sef **Ezeiza,** os mai o'r tu allan i dde America y byddwch yn hedfan. Dim ond o hedfan yn fewnol neu o ambell wlad arall o fewn y cyfandir y byddwch yn mynd i'r maes awyr bach, **Jorge Newbery** neu **Aeroparque**, fel y'i gelwir yn aml.

Peidiwch â dychryn pan welwch chi'r holl bobl yn y maes awyr! Efallai y bydd rhaid disgwyl yn hir cyn clirio'r tollau ond yr un fydd y drefn wedyn, sef nôl eich bag ac allan â chi i wynebu'r dorf. Y peth cyntaf fydd gofyn ei wneud fydd gwrthod yr holl gynigion am dacsi. Mae'r dynion fydd yn gofyn am gael eich cludo yn bla, a rhaid cerdded heibio heb edrych arnyn nhw. Mae oedi yn rhoi cyfle iddyn nhw fod yn fwy fyth o bla. Ac yn anffodus, dyma'r bobl sy'n debyg o'ch twyllo a chodi crocbris arnoch am eich cludo. Os nad oes neb yn eich cyfarfod, y peth gorau yw mynd yn syth at ddesg *Manuel Tienda León* sydd yn gwmni bws a thacsi preifat a elwir yn *remis*. Mae *remis* yn llawer mwy diogel na thacsi cyffredin ond yn llawer drutach hefyd. Bydd cael un i ganol y dref yn costio tua $50. Cewch fynd ar y bws am $14. Codwch eich tocyn wrth y ddesg y tu mewn i'r prif adeilad a gofyn o ble mae'n cychwyn. Mae'n gadael o'r tu allan i adeilad *Aerolíneas Argentinas* ond os mai efo cwmni arall yr ydych chi wedi hedfan mae'n ddigon agos, yn enwedig gan fod modd cael trol fach i gario'r bag. Bydd y bws yn mynd gyntaf i'r swyddfa yn stryd Santa Fe, ond wedyn bydd car yn mynd â chi i'ch gwesty os yw hwn yng nghanol y ddinas, a hynny am ddim. Os ydych allan ymhellach bydd rhywun yno yn gallu eich rhoi ar ben ffordd i gael bws neu bydd modd cael *remis* oddi yno.

Swyddfeydd Twristiaid:
Rhaid cyfaddef nad yw'r swyddfeydd twristiaid ddim yn arbennig o dda yma a does dim cymaint ohonyn nhw ag y byddai dyn yn ei ddisgwyl o ddinas mor bwysig. Efallai mai eich man cychwyn fydd honno yn y maes awyr, yn enwedig os ydych yn chwilio am le i aros. Ar wahân i honno mae rhai yn y canol, a'r hwylusaf fyddai honno yn y Galería Pacifico neu'r un yn Florida a Diagonal Roque Sáenz Peña. Mae ganddyn nhw wybodaeth am y ddinas yn Sbaeneg a Saesneg ac er na chefais y bobl ifanc oedd yn gweithio yno yn arbennig o wybodus, roedden nhw'n gyfeillgar iawn. Ond ar y cyfan, byddai prynu llyfr am y ddinas o fwy o werth os ydych yn bwriadu treulio mwy na diwrnod neu ddau yma. Mae'r *Footprint Guide* yn ddibynadwy iawn, ond mwy difyr yw'r *Insight Guide*.

Newid Arian:
Mae yna swyddfeydd newid arian ym mhobman yn y ddinas, y *cambios*, neu gellir newid mewn banc, ond mae honno'n broses hir a phoenus! Os oes

gennych chi sieciau teithio American Express i'w newid yn Buenos Aires, gellir gwneud hynny am ddim yn eu prif swyddfa yn Arenales 707, yn ymyl Plaza San Martín. Ond byddai bod â cherdyn ar gyfer twll-yn-y-wal yn beth da rhag ofn ichi fethu cael newid

Ffonio:
Os ydych am ddefnyddio ffôn cyffredin yn Buenos Aires, gellir talu gyda *ficha* neu *gopel*, neu ddefnyddio cerdyn. Gellir prynu'r rhain o un o'r nifer mawr o stondinau papur newydd sydd hyd y strydoedd. Os oes gennych chi dipyn o waith ffonio yna mae'n well cael y cerdyn, sy'n costio o gwmpas $5. Mae dau gwmni ffôn yn y brifddinas, a 'dyw cerdyn ffonio'r naill ddim yn dderbyniol gan y llall. Mae un cwmni'n gweithredu un ochr i stryd Florida a'r cwmni arall yr ochr arall.

Llyfrau:
Os ydych chi wedi gorffen darllen y nofelau ddaethoch chi gyda chi o Gymru, yna mae cyfle i brynu rhai yn Buenos Aires, ond cofiwch eu bod yn ddrutach na'r un llyfrau gartref. Mae dwy siop dda iawn yn gwerthu llyfrau Saesneg, *El Ateneo*, Florida 340 a *Librería ABC*, Córdoba 685.

Y Subte:
Dyma'r enw ar y trên tan ddaear, y *subterráneo*. Mae pedair llinell iddi, *A, B, C* a *D* ac er nad yw'n mynd i bob rhan o'r ddinas, mae'n gyflym, yn lân ac yn rhedeg yn aml. Byddai'n ddoeth dilyn yr un

rheolau diogelwch ag a ddilynir ym mhobman, sef peidio â theithio ar eich pen eich hun yn oriau'r nos, peidio â mynd i ran heb olau a heb bobl, a gofalu bob amser nad ydych yn dangos eich bod ar goll, hyd yn oed os ydych chi!

Siopa:

Fel ym mhob tref fawr o'r fath, mae Buenos Aires yn llawn siopau o bob math, a bydd yr ymwelydd yn sicr o weld rhai ble bynnag y bydd yn mynd. Ond dyma enwi ychydig o fannau ble ceir dipyn o bob peth.

I rywun a chanddo ond ychydig o amser sydd am weld beth sydd gan y dref i'w gynnig, mae un o'r *galerías* yn haeddu ymweliad. Mae mwy o'r rhain yn agor o hyd, felly bydd rhai newydd erbyn y bydd y llyfr hwn o'r wasg, ond dyma rai o'r hen rai. Ofer yw nodi dim arbennig yn eu cylch gan fod cynnwys y cyfan yn debyg i'w gilydd. Ond mae ***Alto Palermo*** (*cornel Santa Fé ac Avenida Coronel Diaz, subte llinell D, gorsaf Bulnes*) a ***Paseo Alcorta*** (*Jerónimo Salguero 3172*) *yn newydd tra bod Galerías Pacífico (Florida / Córdoba)*, ***Patio Bulrich*** (*Avenida del Libertador 750*) a ***Paseo del Pilar*** (*Avenida Pueyrredón 2501, Recoleta*) mewn hen adeiladau. Yn yr olaf o'r rhain mae'r **Design Center** sy'n rhoi syniad o'r offer tŷ a'r llestri sydd gan bobl yma. Mae digon o leoedd bwyta ym mhob un ohonyn nhw.

Y strydoedd siopa amlycaf yw **Florida** a stryd **Santa Fé**, y ddwy yn dechrau yn Plaza San Martín. Mae modd cerdded Florída ar ei hyd mewn bore neu brynhawn ond mae Santa Fé yn rhy hir i hynny, a gwell dewis un adran ohoni, hwnnw yr ochr draw i stryd lydan 9 de Julio, dyweder. Os oes gennych chi ddiddordeb mewn pethau ail-law a hen bethau, yna ewch i ardal **San Telmo** neu'r **Boca**.

Efallai y bydd arnoch chi awydd prynu dillad neu sgidiau, felly dyma restr fydd yn ddefnyddiol i chi:

Merched

Siwtiau a ffrogiau

Cymru:	10	12	14	16	18	20	22	24
Ariannin:	40	42	44	46	48	50	52	54

Sgidiau

Cymru:	3	4	5	6	7	8
Ariannin:	34½	35½	36½	38	39	40

Crys T, Blows, Siwmper etc.

Cymru:	32	34	36	38	40	42	44
Ariannin:	42	44	46	48	50	52	54

Dynion

Siwtiau a chotiau

Cymru:	36	38	40	42	44	46	48	50	52
Ariannin:	46	48	50	52	54	56	58	60	62

Sgidiau

Cymru:	6	7	8	9	10	11	12
Ariannin:	38	39	40½	42	43	44	45½

Crys T, Siwmper etc.

Cymru:	36	38	40	42	44	46	48
Ariannin:	46	48	50	52	54	56	58

Trin Gwallt:
Mae hyn yn gallu bod yn ddrud, yn enwedig yn y brifddinas, felly ceisiwch osgoi'r mannau sy'n edrych yn rhy foethus, a **holwch y pris bob amser cyn cael gwneud dim**.

YFED MATE

Un o'r pethau y mae pob Cymro sy'n mynd draw i'r Wladfa yn ymwybodol ohono yw fod pobl yno'n yfed rhyw ddiod wahanol. Mae llawer yn poeni mai dyma'r unig ddiod sydd i'w gael, ond wrth gwrs, maen nhw'n yfed te a choffi fel ninnau. Gan amlaf, rhywbeth a yfir yn y cartref yw'r mate neu wrth deithio ar fws am oriau. Ac mewn asado bydd sawl mate ar fynd.

Ond beth ydi mate? Mewn gwirionedd, enw'r hyn sy'n dal y ddiod yw hwn. Yn wreiddiol, fe'i gwnaed o gowrd, sef croen allanol caled ffrwythyn. Mae'r gowrd yn dal i gael ei ddefnyddio ond ceir hefyd gwpanau wedi eu gwneud o bren, o groen, o fetel, neu o degan. Mae siâp arbennig i'r mate, gan ei fod yn feinach yn ei wddw na'i waelod, ac mae'n llawer llai na chwpan gyffredin, er y gall fod iddo ddolen fel cwpan.

Dyna'r mate. *Yerba* yw'r hyn a roir ynddo, a'r hyn yw hwnnw yw dail y goeden *ilex paraguayensis*, sydd o'r un teulu a'r goeden gelyn. Llygriad o'r gair *hierba*, sy'n golygu llysiau mân neu berlysiau, yw *yerba*. Mae hwn yn tyfu yn Ariannin rhwng môr Iwerydd a'r afon Paraguay, a rhwng lledred 18 a 30. Dail y planhigyn hwn wedi eu sychu a'u malu yw'r 'te gwyrdd' a yfir.

I'w yfed, rhaid wrth y *bombilla* sydd yn fath o welltyn wedi ei wneud o fetel. Yng ngwaelod hwn mae darn ychydig lletach, neu fwy crwn, ag iddo dyllau mân iawn. Sugnir yr hylif drwy'r *bombilla* ond mae'r dail yn aros yn y mate.

I baratoi'r ddiod, rhoir dail yn y gowrd nes ei fod rhyw ddwy ran o dair yn llawn. Rhaid wrth lond tegell neu *termo* (fflasg) o ddŵr poeth ond nid berw. Bydd y sawl sy'n gyfrifol am y tegell yn tywallt dŵr ar y mate ac yn ei roi i'r sawl sydd ar y chwith iddo. Bydd hwnnw'n yfed y sudd i gyd drwy'r gwelltyn ac yn rhoi'r mate yn ôl i ddyn y tegell, fydd yn ei ail-lenwi a'i roi i'r nesaf yn y cylch. Bydd pawb yn yfed yn ei dro o'r un bibell heb feddwl am ei sychu, ac os oes annwyd ar un, wel, pa wahaniaeth, peth i'w rannu yw annwyd prun bynnag! Pan fyddwch wedi cael digon, dywedwch *gracias* wrth roi'r mate yn ei ôl, a bydd hynny'n arwydd i beidio â'i roi ichi ar y rownd nesaf. Ein drwg ni yw bod yn rhy gwrtais a dweud diolch bob tro!

Blas chwerw sydd ar y mate, oni roir siwgr ynddo, yr hyn nad yw'n gyffredin iawn yn ne Ariannin, er bod pobl y gogledd yn hoffi mate melys. Os nad ydych yn hoffi ei flas, does neb dim dicach, ond dylech ei brofi cyn penderfynu.

Weithiau, yn enwedig amser brecwast, ceir *mate cocido*, sef mate wedi ei wneud yn union fel te, efo llefrith a siwgr. Bellach, gellir prynu hwn mewn amlenni bach yn union fel bagiau te.

Mae rhai'n honni fod y mate yn gwneud drwg i'r stumog, ac o weld faint ohono mae rhai'n ei yfed mewn diwrnod, synnwn i ddim nad yw hyn yn wir. I'r rhai sy'n cael anhawster i gysgu, gwell peidio yfed mate yn rhy agos at amser gwely.

BETH I'W WNEUD YN BUENOS AIRES

Fel rheol, dim ond am ddwy neu dair noson y bydd ymwelwyr yn aros yn y brifddinas, ac yn naturiol ddigon, 'dyw hyn ddim yn ddigon i weld mwy na rhan fach iawn o'r lle.

Byddwn yn argymell i unrhyw un y mae ei amser yn brin fynd ar daith o gwmpas y ddinas, wedi ei threfnu gan gwmni sy'n rhedeg bysiau bach i'r pwrpas yma. Fel rheol, bydd y gwesty yn gallu gwneud y trefniadau. Mae'r daith o dair awr yn mynd â chi i wahanol ardaloedd, ac felly cewch syniad i ble i fynd eto os oes amser gennych chi.

Byddwch yn sicr o weld y prif fannau, fel **Plaza San Martín** sy'n llawn coed *jacaranda* â'u blodau piws yn rhyfeddod yn y gwanwyn, y **Plaza de Mayo** a'i eglwys gadeiriol a phalas yr arlywydd, y **Casa Rosada** (y tŷ pinc), ac ardal hynod brydferth **Palermo** a'i dai mawr, crand a'i barc anferth. Os digwydd ichi fod yn y Plaza de Mayo ar brynhawn dydd Iau fe welwch y mamau'n dal i gerdded yn gylch i brotestio yn erbyn y 'diflannu' yn ystod cyfnod y 'rhyfel budr'. Bydd y bws, hefyd, yn mynd drwy ardaloedd y Boca, San Telmo a Recoleta y ceir sôn pellach amdanyn nhw yn yr adran hon.

Fel y rhan fwyaf o drefi mawr, casgliad o 'bentrefi' yw Buenos Aires, ac o'r rhain y mwyaf diddorol i'r ymwelydd yw **La Boca, San Telmo** a **Recoleta**. Mae'r tri yn wahanol, ac yn werth treulio awr neu ddwy yn eu crwydro.

La Boca yw'r hen ardal Eidalaidd ar geg yr afon a dyna ystyr yr enw, ceg. Mae'n dyddio'n ôl i ganol y bedwaredd ganrif ar bymtheg, ac yma yr oedd y rhai oedd yn gweithio ar y llongau ac yn y dociau yn byw. Roedd llawer o'r rhain yn hanu o Genoa yn yr Eidal, a chodwyd y tai o ddarnau o sinc, fel y codid y tai yno. Mae'r tai yn dal yma, mewn strydoedd fel Caminito, y stryd fach, sy'n ddeniadol iawn ac yn lliwgar.

Er bod llawer o'r tai yn cael eu peintio'n rheolaidd, a bod lluniau'n cael eu peintio ar y waliau, tai cyffredin yw'r rhain, ac nid rhywbeth ar gyfer twristiaid. Ond mae'n sicr mai gobeithio gwerthu eu lluniau i'r twristiaid y mae'r artistiaid sy'n dangos eu gwaith yma, a chael ceiniog neu ddwy ganddyn nhw yw amcan y dynion sy'n canu'r consertina ac yn canu a dawnsio'r tango.

Mae ardal **San Telmo**, hefyd, yn ardal ddiddorol gyda'i hen adeiladau a'i lampau stryd fel lanternau. Bu bwriad i ddymchwel y cyfan, ond yn ffodus ddigwyddodd hyn ddim. Roedd hon yn ardal gymysg ei phoblogaeth, y cyfoethogion yn byw mewn tai mawr a'r tlodion mewn tai o briddfeini. Ond newidiodd hyn i gyd yn 1871 pan ddaeth y dwymyn felen i'r ardal gan ladd dros hanner y boblogaeth. Symudodd y cyfoethog i ardal newydd y Barrio Norte a meddiannwyd eu tai gan fewnlifiad o bobl o Ewrop, o'r Eidal a Sbaen gan fwyaf. Rhannwyd y tai yn unedau llai, a gellir ymweld ag un o'r *conventillos* yma heddiw. Mae'n werth dod yma ar y

Sul i weld y farchnad hen bethau a chlywed y dynion yn canu tango tra bod parau'n dawnsio ar y stryd.

Mae ardal **Recoleta**'n wahanol iawn i'r ddwy arall a enwyd. Nid dod i weld y tai y bydd rhywun ond i weld sut y mae pobl yn hamddena. Ar ddiwrnod braf, mae Recoleta'n llawn teuluoedd yn gorweddian ar y glaswellt, yn bwyta yn y nifer fawr o *restaurantes* neu'n siopa yn y **Design Center**. Mae eglwys Pilar yma yn werth taro i mewn iddi, a'r tu ôl iddi mae ystafelloedd arddangos ble ceir gwahanol arlunwyr a ffotograffwyr yn dangos eu gwaith. Heb fod ymhell mae Amgueddfa Celfyddyd Gain y ddinas, y **Museo de Bellas Artes** y dylai unrhyw un sydd â diddordeb mewn celfyddyd ymweld â hi. Ar y ffordd yno fe welwch stondinau o bob math a phobl ifanc yn dynwared cofgolofnau!

Bydd llawer yn awyddus i fynd i **fynwent Recoleta** (oriau agor, 7.00 - 18.00) gan mai yma y claddwyd Eva Perón, neu fel sydd yn ysgrifenedig ar ei charreg fedd, Eva Duarte. Ond peidiwch â disgwyl bedd fel sydd yng Nghymru. Rhyw fath o dŷ yw hwn, fel y gweddill yn y fynwent.

Wrth gwrs, mae ardaloedd eraill hyfryd yn y ddinas, a rhai ohonyn nhw mor agos at y canol fel na ellir peidio â'u gweld, ardaloedd fel Plaza San Martín, Stryd Florída, Avenida 9 de Julio a'i dŷ opera, y **Teatro Colon**.

Os ydych chi am rywbeth ychydig yn wahanol, a diwrnod cyfan gennych, byddai taith i **Tigre** yn ddiddorol. I wneud hyn, ewch ar y **Tren de la Costa** a mynd ar eich liwt eich hun yn hytrach nag ar drip wedi ei drefnu. I ddal y trên cymerwch dacsi i orsaf Tren de la Costa yn Olivos. Bydd tocyn un ffordd ar y trên yn costio $1.5 yn ystod yr wythnos a $2 fwrw'r Sul a dydd gŵyl, ac mae'r trenau'n rhedeg o saith y bore hyd un ar ddeg yr hwyr. Mae'r tocyn trên yn caniatáu ichi ddisgyn yn unrhyw fan ar y ffordd, ac un o'r mannau gorau, efallai, yw **San Isidro**, ble mae digon o siopau a bwytai yn ogystal â chyfle i fynd i fyny i'r pentref ei hun. Mae'r trenau'n rhedeg yn aml, felly fydd dim problem cael trên arall i fynd ymlaen â'r daith.

Wedi cyrraedd Tigre mae gennych chi ddewis o fynd i'r Parque de la Costa, rhyw fath o fyd Disney bach, fyddai'n apelio at blant, y ffair grefftau yn Puerto de Frutos, y mae'n werth ymweld â hi fwrw'r Sul, neu fynd ar gwch sy'n mynd â chi heibio i'r ynysoedd bach ar geg yr afon Paraná. Os mai dyma'ch dewis, ewch yn syth i gyfeiriad yr afon wrth ddisgyn o'r trên a throi i'r dde ar waelod y ffordd. Fe welwch y cychod yno.

Cymry Buenos Aires:

Peidiwch ag anghofio fod yna lawer iawn o Gymry'r Wladfa wedi symud dros y blynyddoedd i'r brif-ddinas. Aeth llawer iawn o ferched i nyrsio i'r Ysbyty Brydeinig, yn enwedig yn ystod blynyddoedd y rhyfel. Ac ers hynny, mae llawer iawn o bobl ifanc wedi mynd yno i astudio. Peidiwch â disgwyl clywed yr iaith Gymraeg ar y stryd, er y gallai hynny ddigwydd, wrth gwrs, fel y gall ddigwydd yn unrhyw brifddinas. Mae'r Cymry'n dod at ei gilydd ar Sul cyntaf y mis, am bedwar y prynhawn, rhwng mis Ebrill a mis Rhagfyr, a bydd croeso ichi fynd i'r cyfarfodydd. Y cyfeiriad yw *24 de Noviembre 1142* ac i gyrraedd yno rhaid cymryd llinell E y trên tan ddaear a disgyn yng ngorsaf Urquiza. Mae'r stryd rownd y gornel o'r orsaf.

GWESTAI

Oni bai eich bod yn ddigon lwcus i fod â ffrindiau yn byw yn y brifddinas, byddwch wedi bod yn ddigon darbodus, mae'n siŵr, i fod wedi sicrhau llety ymlaen llaw. Mae'r dewis, wrth gwrs, yn aruthrol, a chewch restrau helaeth yn y llyfrau teithio. Yr unig beth a gewch yma yw rhestr fer o'r rhai sydd yng nghanol y ddinas ac sydd i weld yn dderbyniol a diogel.

Mae'r cyfan a enwir yma o fewn cyrraedd i stryd Florida (daw'r acen ar yr ail sill, nid ar y gyntaf) sydd yn stryd ddigeir, yn llawn pobl, siopau a lleoedd bwyta sydd yn agor bob awr o'r dydd, ac weithiau o'r nos hefyd. Peth arall pwysig yw ei bod yn olau ddydd a nos fel bod dyn yn teimlo'n ddiogel yn ei chrwydro. Mae hynny'n wir am y strydoedd ble mae'r gwestai.

Un peth y bydd y sawl sydd wedi aros mewn gwesty yn Ariannin yn ei wybod, yw nad yw'r sêr yn golygu fod y gwesty yr un safon ag un â'r un faint o sêr yn ein gwlad ni. Byddai gwesty tair seren yma yn haeddu dwy gartref, ar y cyfan. A pheidiwch â disgwyl y moethau a geir mewn gwesty Americanaidd. Fel rheol, cewch sebon yn yr ystafell molchi, ond dim ond yn y gwestai gorau y ceir dim arall. Ond bydd y rhai a enwir yma yn lân ac yn ddiogel.

Oni bai eich bod yn brin iawn o arian, byddwn yn cymeradwyo gwesty tair seren, ond ceir ambell un dwy seren sydd yn iawn. Tuedd y rheini yw bod ymhellach o'r canol. Un sydd yn gyfleus ac sy'n plesio yw ***Hotel Hispano*** sydd ar stryd *25 de Mayo*.

Os ydych chi'n ifanc ac yn teithio ar gyn lleied o arian ag sy'n bosibl, mae rhai gwestai yn weddol rhesymol, a cheir hostelau sy'n rhad. Ar y cyfan, rydych yn cael yr hyn yr ydych yn talu amdano. Os yw arian yn wirioneddol brin, a'ch bod yn aros mwy na noson yn y brifddinas, byddwn yn argymell aros mewn gwesty am noson a chwilio wedyn am hostel rad gan ddewis un sy'n addas ar eich cyfer chi.

Ble bynnag y byddwch yn aros, cofiwch y gallan nhw ostwng eu pris! Mae hyn yn wir iawn ar adegau pan fo'r gwestai'n wag. Hefyd, ceir gostyngiad yn aml os talwch ag arian.

Os nad yw'r ystafell yn plesio, peidiwch â bod ofn gofyn am un arall, well. Fel rheol, os oes un ar gael, maen nhw'n ddigon parod ichi symud.

Carsson Hotel**** *(Viamonte 650, Ffôn: 0054 11 4322 3551/3601/3701 Ffacs: 0054 11 43223551, e-bost:* carsson@datamarkets.com.ar)
Hotel mewn lle da, gan fod y stryd, er yng nghanol y ddinas, yn dawel. Mae'r ystafelloedd gwely a'r ystafelloedd cyhoeddus yn gysurus.
Pris: Sengl $89.70, Dwbl $100.93. Mae brecwast yn y pris.
Dolmen Hotel**** *(Suipacha 1079, Ffôn: 0054 11 4315 7117, Ffacs: 0054 11 4315 5666, e-bost:* hdolmen@hotelnet.com.ar)
Mae hon eto mewn stryd dawel yn y canol, yn ymyl Plaza San Martín. Mae yma bwll nofio, sauna ac ystafell ymarfer corff.
Pris: Sengl: $150, Dwbl $160. Mae brecwast yn y pris.
Gran Hotel Buenos Aires*****(Alvear 767, Ffôn: 0054 11 4312 3003, Ffacs: 0054 11 4315 2243, e-bost:* hbeunosaires@hotelnet.com.ar)
Mae hon yn yr un ardal, ac eto mewn stryd gymharol ddistaw. Roedd y perchennog yn dweud fod croeso arbennig i'r Gymry ac y gallai'r pris ar ein cyfer ostwng.
Pris: Sengl $87, Dwbl $95, i dri $114, ac mae'r dreth a'r brecwast yn y pris.
Gran Hotel Dora**** *(Maipú 963, Ffôn: 0054 11 4312 7391, Ffacs: 005411 4313 8134, y we: http://www.dorahotel.com.ar,,*
e-bost: mail@dorahotel.com.ar)
Hotel arall yn yr un ardal ac o'r un safon, er nad llawn mor foethus, efallai.

Pris: Sengl $96, Dwbl $108, ac mae'r dreth a'r brecwast yn y pris.

Tulip Inn Principado**** (*Paraguay 481, Ffôn: 0054 11 4313 3022, Ffacs: 0054 11 4313 3952,*
y we: http://www.principado.com.ar,
e-bost: hotel@principado.com.ar)

O'i chymharu â'r rhai sydd wedi eu rhestru'n barod, mae hon ar yr ochr arall i stryd Florida ond o fewn sgwâr a hanner iddi, mewn stryd dawel. Mae mewn ardal dda ar gyfer siopa a bwyta. Mae'r ystafelloedd cyhoeddus a'r ystafelloedd gwely yn braf, ond mae hi'n ddigon drud.

Pris: Dwbl yn y cyfnod rhataf, $110, ac yn y cyfnod drutaf, $130.

Gran Hotel Orly*** (*Paraguay 474, Ffôn / Ffacs: 0054 11 4312 5344 / 5348,*
y we: http://www/orly.com.ar
e-bost: info@orly.com.ar)

Mae hon union gyferbyn â'r Principado, ar yr un sgwar, ac felly yr un mor gyfleus. Gan mai tair seren sydd iddi, does yma ddim yr un moethusrwydd ond mae hi'n hotel lân, saff, ac mae'r un staff yma ers blynyddoedd.

Pris: Sengl $60, Dwbl $70.

Goya Hotel*** (*Suipacha 748, Ffôn / Ffacs: 0054 11 4322 9269 / 4322 9311*)

Hotel fechan, gyfeillgar, ynghanol y ddinas, a rhwng dwy o'r prif strydoedd. Mae gwaith adnewyddu yn digwydd ar hyn o bryd, ond wedi iddo orffen bydd yn lle hwylus iawn i aros ynddo. Er mai bychan yw'r ystafelloedd maen nhw'n chwaethus iawn. Mae dau fath, a byddwn yn argymell talu am y gorau gan eu bod yn fwy cysurus.

Pris: Y rhataf, Sengl $45, Dwbl $55, i dri $70: y gorau, Sengl $65, Dwbl $70, i dri $85.

Hotel Diplomat** (*San Martín 918, Ffôn: 0054 11 431 26124/4311 9370, Ffacs: 0054 11 4311 2708, e-bost:* diplomat@cvtci.com.ar)

Mae hon rownd y gornel o'r Principado, felly mewn lle da. Mae hi'n ddigon dymunol a rhai ystafelloedd wedi eu moderneiddio, ond fydd y chwaeth ddim at ddant pawb! Os allwch chi fyw efo'r cymysgfa o liwiau yna mae prisiau'r ystafelloedd gorau, hyd yn oed, yn rhesymol.

Pris: Sengl $50, Dwbl cyffredin $60, Dwbl gwell $70, i dri $80.

Hotel Waldorf*** (*Paraguay 450, Ffôn: 0054 11 4214 3122*)

Mae hon y drws nesaf i'r Orly. Mae hi wedi cael ei moderneiddio yn ystod y blynyddoedd diwethaf yma, er bod ychydig o arogl llwydni mewn rhai ystafelloedd. Ond gellir gofyn am ystafell arall! Mae hi'n gyfleus a digon cartrefol.

Pris: Sengl $60, Dwbl $70.

Phoenix Hotel*** (*San Martín 780, Ffôn: 0054 11 4312 4845, Ffacs: 0054 11 4311 2846*)

Mae hon yn rhan o adeilad y Galería Pacifico ac o'r herwydd mae rhai ystafelloedd yn swnllyd iawn. Os yw hyn yn broblem, gofynnwch am ystafell yn y cefn. Mae rhai o'r ystafelloedd yn ddymunol ond

mae eraill yn dywydd.
Pris: Sengl $70, Dwbl $80

Gran Hotel Hispano** (*Avenida de Mayo 960, Ffôn/Ffacs: 0054 11 4345 2020, y we: http://www.hhispano.v-i-a.net.ar e-bost:* hhispano@v-i-a.net.ar)
Hotel hen ffasiwn ar un o brif strydoedd y dref, ond gan fod yr ystafelloedd yn y cefn dydyn nhw ddim yn swnllyd. Ystafelloedd mewnol, yn agor oddi ar ryw fath o galeri yw'r cyfan, felly does dim ffenestri. I'r rhai sydd wedi blino ar bob hotel yn edrych yr un fath, mae hon yn ddeniadol, yn lân ac yn rhesymol.
Pris: Sengl: $36, Dwbl $44, i dri $55. Mae brecwast yn y pris.

Novel Hotel** (*Avenida de Mayo 915, Ffôn/Ffacs: 0054 11 4345 0214/4345 0504/4345 3532*)
Pris: Sengl $38, Dwbl $48, i dri $58

Hotel Bolívar (*Bolívar 886, Ffôn: 0054 11 4361 5105*) Mae hon yn ardal San Telmo, sy'n ardal ddiddorol heb fod yn rhy bell o ganol y ddinas. Er mai hotel ddigon rhad, addas ar gyfer rhai sy'n crwydro ag ychydig o arian yw hon, mae i'r ystafelloedd eu hystafell molchi breifat.
Pris: $20 yr ystafell, fwy neu lai!

Hotel Maipú (*Maipú 735, Ffôn: 0054 11 4322 5142*)
Mae hon yn gyfleus ynghanol y ddinas ac mae rhai ystafelloedd yn ddigon dymunol. Mae'n lân a chyfeillgar.
Pris: $25 gyda bath a $22 heb fath.

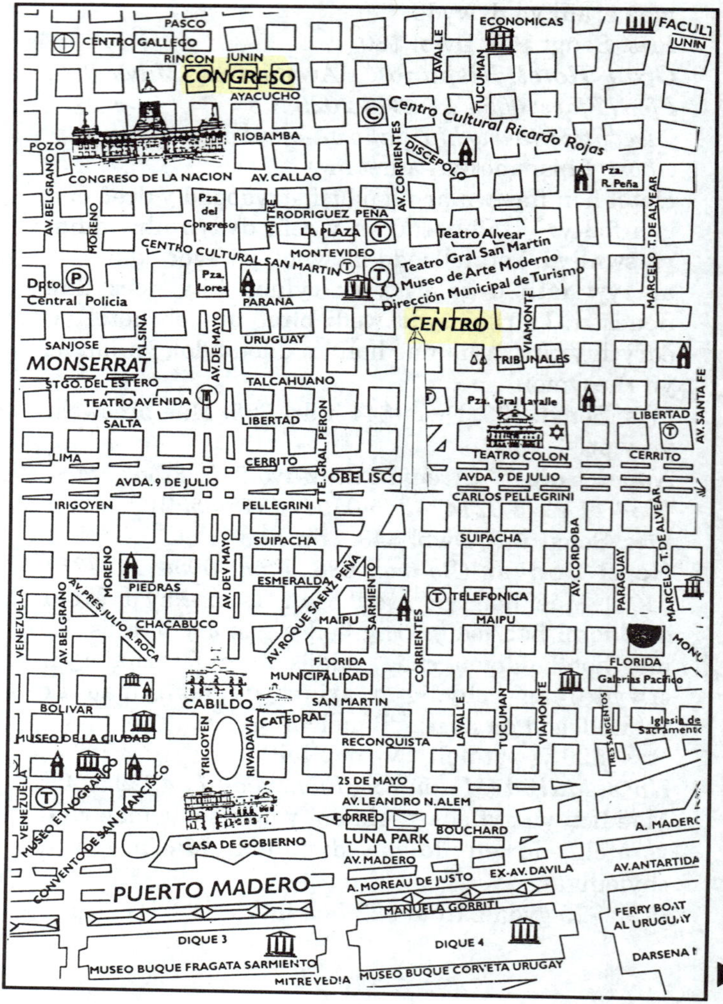
PASCO
CENTRO GALLEGO
RINCON
JUNIN
CONGRESO
AYACUCHO
ECONOMICAS
FACULT
JUNIN
LAVALLE
TUCUMAN
Centro Cultural Ricardo Rojas
RIOBAMBA
POZO
AV. CORRIENTES
DISCEPOLO
CONGRESO DE LA NACION
AV. CALLAO
Pza. R. Peña
AV. BELGRANO
MORENO
Pza. del Congreso
MITRE
RODRIGUEZ PEÑA
LA PLAZA
Teatro Alvear
CENTRO CULTURAL SAN MARTIN
MONTEVIDEO
Teatro Gral San Martín
Museo de Arte Moderno
Dirección Municipal de Turismo
MARCELO T. DE ALVEAR
Dpto. Central Policia
Pza. Lorea
PARANA
CENTRO
VIAMONTE
ALSINA
AV. DE MAYO
URUGUAY
SANJOSE
MONSERRAT
TRIBUNALES
STGO. DEL ESTERO
TALCAHUANO
TEATRO AVENIDA
Pza. Gral Lavalle
AV. SANTA FE
SALTA
LIBERTAD
TTE. GRAL. PERON
LIBERTAD
LIMA
CERRITO
TEATRO COLON
CERRITO
AVDA. 9 DE JULIO
OBELISCO
AVDA. 9 DE JULIO
CARLOS PELLEGRINI
IRIGOYEN
PELLEGRINI
SUIPACHA
SUIPACHA
AV. CORDOBA
PARAGUAY
MARCELO T. DE ALVEAR
MORENO
AV. DEV MAYO
AV. ROQUE SAENZ PEÑA
SARMIENTO
PIEDRAS
ESMERALDA
TELEFONICA
VENEZUELA
AV. BELGRANO
AV. PRES. JULIO A. ROCA
CHACABUCO
MAIPU
MAIPU
CORRIENTES
MONU
FLORIDA
FLORIDA
MUNICIPALIDAD
Galerias Pacifico
BOLIVAR
CABILDO
SAN MARTIN
LAVALLE
TUCUMAN
VIAMONTE
TRES SARGENTOS
Iglesia de Sacramento
MUSEO DE LA CIUDAD
CATEDRAL
YRIGOYEN
RIVADAVIA
RECONQUISTA
VENEZUELA
MUSEO ETNOGRAFICO
CONVENTO DE SAN FRANCISCO
25 DE MAYO
AV. LEANDRO N. ALEM
CORREO
LUNA PARK
BOUCHARD
A. MADERO
CASA DE GOBIERNO
AV. MADERO
AV. ANTARTIDA
EX-AV. DAVILA
PUERTO MADERO
A. MOREAU DE JUSTO
MANUELA GORRITI
FERRY BOAT AL URUGUAY
DIQUE 3
DIQUE 4
DARSENA
MUSEO BUQUE FRAGATA SARMIENTO
MITRE VEDIA
MUSEO BUQUE CORVETA URUGAY

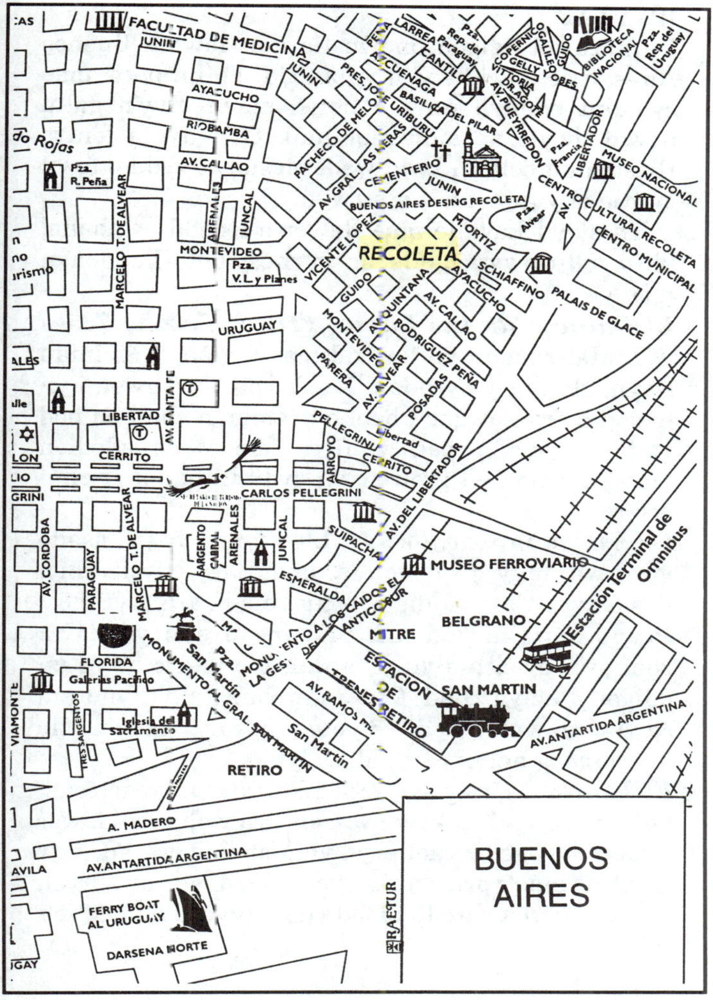
BUENOS AIRES
FACULTAD DE MEDICINA
JUNIN
AYACUCHO
RIOBAMBA
AV. CALLAO
Pza. R. Peña
MARCELO T. DE ALVEAR
ARENALES
JUNCAL
MONTEVIDEO
Pza. V. L. y Planes
URUGUAY
AV. SANTA FE
LIBERTAD
CERRITO
CARLOS PELLEGRINI
AV. CORDOBA
PARAGUAY
SARGENTO CABRAL
SUIPACHA
ESMERALDA
FLORIDA
Galerias Pacifico
VIAMONTE
TRES SARGENTOS
Iglesia del Sacramento
San Martin
Pza. San Martin
MONUMENTO AL GRAL. SAN MARTIN
MONUMENTO A LOS CAIDOS EL LA GESTA DEL ANTICOSUR
RETIRO
A. MADERO
AV. ANTARTIDA ARGENTINA
FERRY BOAT AL URUGUAY
DARSENA NORTE
AVILA
PEÑA
LARREA
Pza. Rep. del Paraguay
CANTILO
AZCUENAGA
PRES. JOSE URIBURU
PACHECO DE MELO
BASILICA DEL PILAR
AV. GRAL. LAS HERAS
CEMENTERIO
BUENOS AIRES DESING RECOLETA
VICENTE LOPEZ
RECOLETA
GUIDO
M. ORTIZ
AV. QUINTANA
AYACUCHO
AV. CALLAO
SCHIAFFINO
RODRIGUEZ PEÑA
MONTEVIDEO
PARERA
AV. ALVEAR
POSADAS
PELLEGRINI
Libertad
CERRITO
ARROYO
AV. DEL LIBERTADOR
COPERNICO
GALILEO
GELLY Y OBES
VITTORIA
DR. AGOTE
AV. PUEYRREDON
BIBLIOTECA NACIONAL
Pza. Rep. del Uruguay
Pza. Francia
AV. LIBERTADOR
MUSEO NACIONAL
CENTRO CULTURAL RECOLETA
CENTRO MUNICIPAL
Pza. Alvear
PALAIS DE GLACE
MUSEO FERROVIARIO
Estación Terminal de Omnibus
BELGRANO
MITRE
ESTACION SAN MARTIN
ESTACION DE TRENES RETIRO
AV. RAMOS MEJIA
San Martin
AV. ANTARTIDA ARGENTINA
RAETUR

BWYTAI

Yn naturiol ddigon, mewn lle mor fawr â Buenos Aires, mae enwi bwytai yn anodd. Yn un peth, mae cymaint ohonyn nhw, a hefyd maen nhw'n gallu newid dwylo a safon mor aml. Ond dyma fentro rhestru ambell un sydd wedi plesio, ac sydd o fewn cyrraedd y gwestai a restrwyd.

Yn stryd Lavalle mae llawer o leoedd gwahanol ble y gellir bwyta'n dda, ac yn rhesymol. Un ohonyn nhw yw:

El Palacio de las Papas Fritas, *Lavalle 735* a *954*. Mae'r rhain yn lleoedd mawr, glân, â llieiniau gwyn, glân ar y byrddau. Mae'r rhai sy'n gweini yn hynod o groesawgar i bobl o dramor, a chan eu bod yn brysur mae popeth yn ffres yma. Mae'r sglodion yma yn werth eu profi ac yn gwbl wahanol i'r rhai arferol.

La Estancia, *Lavalle 941*. Lle i fynd i fwyta asado yw hwn felly peidiwch â mynd os ydych chi'n llysieuwyr. Cewch ddigon o gig yma i bara' wythnos!

Pippo, *Paraná 356*. Lle prysur, yn aml yn llawn rhai sy'n gweithio yn yr ardal, ble mae'r bwyd yn ddigonol ac yn rhad. Ond nid dyma'r lle i fynd am sgwrs dawel. Wedi dweud hynny, mae'n lle ardderchog am bryd rhad, sydyn.

El Establo, *Paraguay 489*. Lle cyffredin, cartrefol, yn llawn o bobl leol yw hwn, ond yn wahanol i lawer man tebyg, gellir cael pryd yma ar unrhyw adeg o'r dydd, ac mae'r pris yn rhesymol. Peidiwch ag edrych ar y tu allan a chredu ei fod yn lle ffwrdd â hi. Mae'r tu mewn, er yn brysur ac yn llawn iawn yn aml, yn lân. Os yw'r llawr yn llawn, mae lle i fyny'r grisiau hefyd.

Ce Bleu, *San Martín* a *Paraguay*. Mae hwn yn agor bron drwy'r dydd a gellir cael pob math o fwyd yma am bris digon rhesymol. Mae'n lle sy'n cael ei ddefnyddio gan bobl yr ardal, ac mae hynny bob amser yn arwydd da.

Galerías Pacifico, *Florida* a *Córdoba*. Ar y llawr isaf mae nifer fawr o leoedd bwyta o bob math, a'r rheini ar agor drwy'r dydd. Gellir gweld beth sydd i'w gael a dewis o fwy nag un lle, gan fod y byrddau i gyd ar ganol y llawr yn perthyn i bob stondin. Mae hwn ar agor drwy'r dydd, sy'n hwylus ar gyfer rhai sy'n hoffi bwyta'n gynnar.

Puerto Madero. Mae yma resi o fwytai o bob math, ond mae'r rhan fwyaf yn ddrud. Fodd bynnag, mae'n lle difyr i fynd iddo, gan ei fod ar lan yr afon a bod modd bwyta allan. Os ydych chi am eistedd a gweld y byd yn mynd heibio heb dalu gormod, chwiliwch am un o'r llefydd ble gellir cael rhyw baned o goffi neu wydraid o gwrw a thameidiach i'w bwyta. Ond mae un lle da sydd ddim yn rhy ddrud, sef:

El Mirasol. Mae'r bwyd yma'n dda iawn a heb fod yn rhy ddrud, ac mae'n ddiddorol gan ei fod yn fwyd traddodiadol archentaidd.

Recoleta. Dyma ardal arall ble mae llawer o dai bwyta, ond gwyliwch y rhai sydd o dan y to canfas gwyrdd! Mae'r rheini'n ddrud ar y cyfan, ond mae'n werth edrych a gweld os oes rhywbeth at eich dant o fewn eich cyrraedd, gan fod eistedd yno fin nos braf yn brofiad gwerth ei gael. Heb fod ymhell, ac yn rhatach, yn enwedig os ydych chi'n cymryd bwydlen y dydd, mae ambell fwyty hŷn, traddodiadol.

Victoria. Mae hwn, ar *Junin 1865*, yn hen adeilad ble gellir cael rhywbeth o gwpanaid o goffi i bryd llawn. Mae'n lle mawr, a dau lawr iddo, a'r tu allan, ar draws y ffordd, fel petai, mae lle i fwyta mewn gardd fach. Pan oeddwn i yno roedd pryd tri chwrs, gwin a choffi yn costio $12!

Os ydych chi'n hoff o hen le ac iddo gymeriad, yna mae dau caffe y dylech ymweld â nhw, sef:

Gran Café Tortoni, *Avenida de Mayo 829* (yn ymyl y Plaza de Mayo). Dyma'r *confitería* hynaf yn y dref, yn perthyn i'r flwyddyn 1858, ac er nad yw hynny'n hen i ni, mae'n hen i Ariannin. Yma, gynt, y deuai'r gwŷr llenyddol a diwylliannol, a weithiau ceir o hyd gyngerdd jazz neu tango fin nos yn yr ystafell gefn. Cewch eistedd wrth yr hen fyrddau pren ac edmygu harddwch yr adeilad a sipian eich diod yn hamddenol yma.

Ideal, *Calle Suipacha 385* (bron ar gornel Corrientes). Lle te o droad y ganrif yw hwn, yn edrych braidd yn hen a llychlyd bellach, ond yn dal i wneud te gwerth ei gael.

Y TRÊN TANDDAEAR

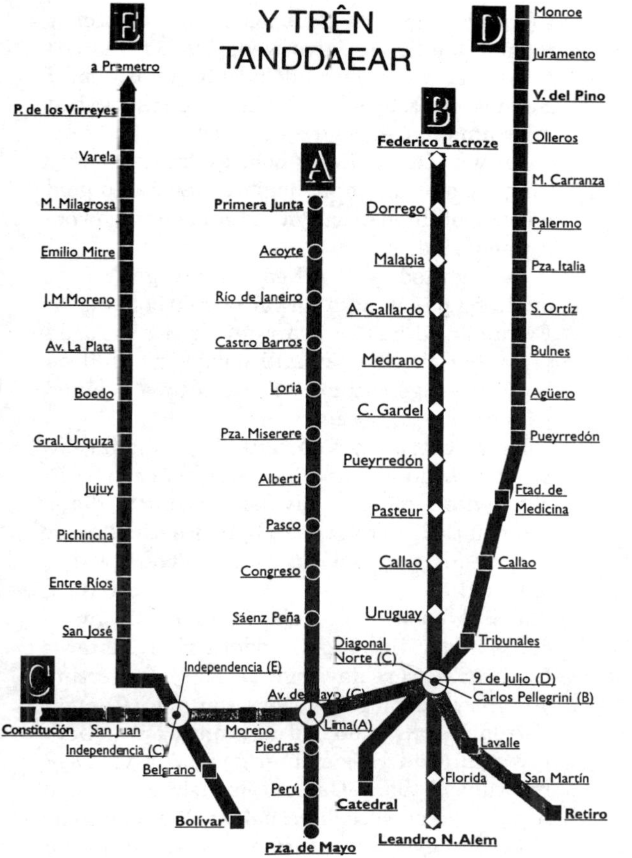

Llinell A • Plaza de Mayo - 1º Junta
Llinell B • L.N. Alem - Fco. Lacroze
Llinell C • Retiro – Constitución
Llinell D • Catedral - Olleros
Llinell E • Bolivar – P. de los Virreyes
Premetro • Balbastro – C. Civico - Savio

Y TANGO

I lawer, dyma yw Buenos Aires, cartref y tango. Mae llawer iawn wedi dysgu'r ddawns rywdro ac wedi gwrando'r canu, ac o ddod i Buenos Aires, byddan nhw'n awyddus i wybod mwy amdano, ei weld a'i glywed.

Yn wreiddiol, canu'r bobl gyffredin oedd y tango, y miwsig yn mynegi'r teimladau a geid mewn penillion perthyn i'r gaucho, y cowboi Archentaidd.

Fe'i ganed yn y bedwaredd ganrif ar bymtheg pan ddaeth llawer iawn o bobl dlawd Ewrop i'r ddinas a chymysgu â'r tlodion oedd yno'n barod. Canai'r naill garfan a'r llall eu hiraeth a'u gobeithion. O'r canu hwn y ganed y llais newydd, y tango.

Ar y dechrau, y tafarnau a'r puteindai llai parchus oedd ei gartref, ac yno y câi'r gweithwyr gyfle i ganu a dawnsio er mwyn dianc rhag eu tlodi. O'r mannau hyn yr aeth allan i'r strydoedd, gan fod yn rhan o bob gŵyl a dathliad.

Erbyn dechrau'r ugeinfed ganrif, dechreuodd y tango barchuso a daeth rhai heblaw'r tlodion i'w werthfawrogi. Daeth y consertina yn offeryn poblogaidd, aeth sôn am y Tango i Ewrop, a sylweddolodd Ariannin fod ganddi rywbeth oedd yn werth ei gael. Yna yn 1917 recordiwyd llais Carlos Gardel, sydd, hyd heddiw, yn enwocach na neb arall a ddaeth ar ei ôl. Yn ogystal â recordio, cafodd ran mewn ffilmiau rhwng 1929 a 1935 a dod yn eilun cenedl.

Lladdwyd Gardel mewn damwain awyren yn 1935 ac fe'i claddwyd ym mynwent Chacarita. Hyd heddiw daw llawer o Archentwyr ac eraill o Dde America at ei fedd gan roi blodau arno a rhoi sigarét yn llaw'r cerflun ohono.

Nid dyma ddiwedd y tango, fodd bynnag, ac yn ystod y pedwardegau bu'n hynod o boblogaidd. Wedi hynny, gyda dyfodiad cerddoriaeth boblogaidd o fath gwahanol yn y pumdegau, distawodd llais y tango i ryw raddau, ond nid yn llwyr. Yn yr wythdegau daeth eto'n boblogaidd, yn enwedig gyda'r twristiaid. Ac efallai mai y nhw sy'n cadw'r tango'n fyw heddiw, wrth fynd i chwilio amdano i glybiau nos a neuaddau dawns.

Ble yr ewch chi heddiw i glywed a gweld y tango? Yn sicr, i San Telmo ar fore Sul, ac i ardal y Boca, ble bydd dau neu dri o ddynion yn canu'r consertina ac yn canu tango ar y stryd. Mae llawer iawn o neuaddau dawns a chlybiau sy'n arbenigo yn y tango ar gael, ond cofiwch y bydd yn rhaid talu am fynd i mewn, ac y bydd isafswm tâl am y diodydd. Mae sioe tango orau'r wlad yn **Sr. Tango**, yn Barracas. Yno cewch fynediad a phryd o fwyd am $65. Gellir bwyta am 20.30 a bydd y sioe'n dilyn am 22.30. Os oes gennych chi ddiddordeb mewn gwybod am ragor o sioeau, mynnwch gopi o *Buenos Aires Tango* gan un o'r swyddfeydd twristiaid. Mae hwn yn rhestru'r hyn sydd ar gael. Os nad oes gennych chi ddiddordeb ysol, dim ond cywreinrwydd, byddai mynd i'r **Café Tortoni** (Avenida de Mayo 829) am naw y nos a thalu $9 am glywed tango ac isafswm o $6 am rywbeth i'w fwyta neu'i yfed, yn fargen dda.

TEITHIO MEWNOL

Bydd y rhan fwyaf o'r bobl sy'n dod i Ariannin yn aros noson neu ddwy yn Buenos Aires ac yna'n mynd yn eu blaenau i rywle arall. Gellir gwneud hyn mewn awyren, bws neu drên. Ychydig sy'n mynd ar drên i unman, fodd bynnag, gan nad yw'r gwasanaeth na helaeth na chyflym. Ond os mai dyma eich diddordeb chi, yna fy nghyngor fyddai ichi gael gwybodaeth arbenigol, gwbl ddiweddar, gan fod pethau'n gallu newid yn gyflym.

Mae mynd ar fws, fodd bynnag, yn boblogaidd iawn gan ei fod yn rhatach o lawer nag awyren a bod modd teithio i bob rhan o'r wlad. I ddal bws, rhaid mynd i **Retiro**, (*Avenida Ramos Mejía 1680, Ffôn 00 54 41310 0700*) ble ceir dros gant o gwmnïau yn cystadlu am eich arian. Mae mwy nag un cwmni yn mynd i'r un lle a gall y prisiau amrywio gryn dipyn yn ôl safon yr hyn a gynigir. Nid dim ond i rannau eraill o Ariannin mae modd dal bws ond i'r gwledydd cyfagos yn ogystal.

Ni ellir rhestru'r holl gwmnïau nag i ble y maent yn mynd, ond dyma rai sy'n teithio i lawr i Drelew a rhif y ffenestr ble gwerthir y tocyn:
Quebus (501). Mae modd cael un â'r sedd yn troi'n

wely (*cochecama*) ac er ei fod yn ddrutach gallech deimlo ei fod yn werth gwario arno. Mae hwn yn costio o gwmpas $70 ac mae'r bwyd yn gynwysedig. Mae'r daith yn cymryd rhyw 20 awr. Mae math arall, sy'n cael ei alw'n hanner gwely, sy'n costio $50 ond rhaid talu $5 am ginio. Y math rhataf yw'r un cyffredin, di-wely, sy'n costio $45, ac ar hwn hefyd rhaid talu am ginio. Mae'r math cyffredin yn mynd bob dydd ond dim ond ar ddydd Mercher a dydd Gwener mae'r *cochecama* yn gadael Buenos Aires ac ar ddydd Iau a dydd Sul mae'n gadael Trelew am y brifddinas.

Dau gwmni arall amlwg sy'n teithio rhwng Trelew a Buenos Aires yw **TAC** (*7* ac *8*) a **Don Otto** (*55* a *60*). Digon tebyg yw pris y ddau, sef rhyw $64. Mae TAC yn gadael Buenos Aires am 19.00 ac yn cyrraedd Trelew 15.30, neu 12.00 yn cyrraedd 8.10. Mae'n gadael Trelew am Buenos Aires 13.00 a 17.00 ac yn cyrraedd 9.00 a 12.00. Mae Don Otto yn teithio o Buenos Aires i Drelew ddydd Mawrth, Iau, Sadwrn a Sul am 21.05 ac yn cyrraedd 17.00 ac yn mynd o Drelew i Buenos Aires ddydd Mawrth, Iau, Sadwrn a Sul am 14.45 ac yn cyrraedd 11.00.

Ceir hefyd ***El Pingüino*** (*6*) a ***La Puntual*** (*86*) ac os am fynd i Esquel ar y bws, gellir mynd gyda ***Via Bariloche*** (*44*) gan newid yn y ddinas honno i fws Esquel.

Hedfan mewnol:

Mae awyrennau'n mynd bob dydd o Buenos Aires i Drelew ond dim ond ddwywaith yr wythnos o

Buenos Aires i Esquel. Ar hyn o bryd, mae tri chwmni yn hedfan, sef ***Aerolíneas/Austral***, ***Lade*** a ***Lapa***. Mae'r prisiau'n amrywio rhywfaint ac oni bai eich bod yn gallu prynu eich tocyn ychydig ymlaen llaw mae perygl y bydd yn rhaid ichi dalu pris llawn. Ond os ydych yn hedfan o Brydain gydag Aerolíneas Argentinas, Iberia neu British Airways, gellwch arbed llawer ar gost y tocyn i Drelew. Yn anffodus, does dim modd arbed arian yn yr un ffordd wrth deithio i Esquel, felly mae llawer yn dewis hedfan i Bariloche, aros noson yno, a theithio ymlaen i Esquel ar y bws, gan gael cyfle, felly, i weld tref arall a rhagor o wlad. Rhaid dweud fod y daith o Bariloche i Esquel yn werth ei gwneud.

O'r maes awyr bach, ***Aeroparque Jorge Newbery***, mae'r awyrennau i Chubut yn hedfan.

Oni bai eich bod wedi ei dalu cyn cychwyn o Gymru, bydd yn rhaid talu treth ar yr hedfan mewnol. Gall hwn fod rywle rhwng $5 a $10. Fe'i telir wrth siecio i mewn.

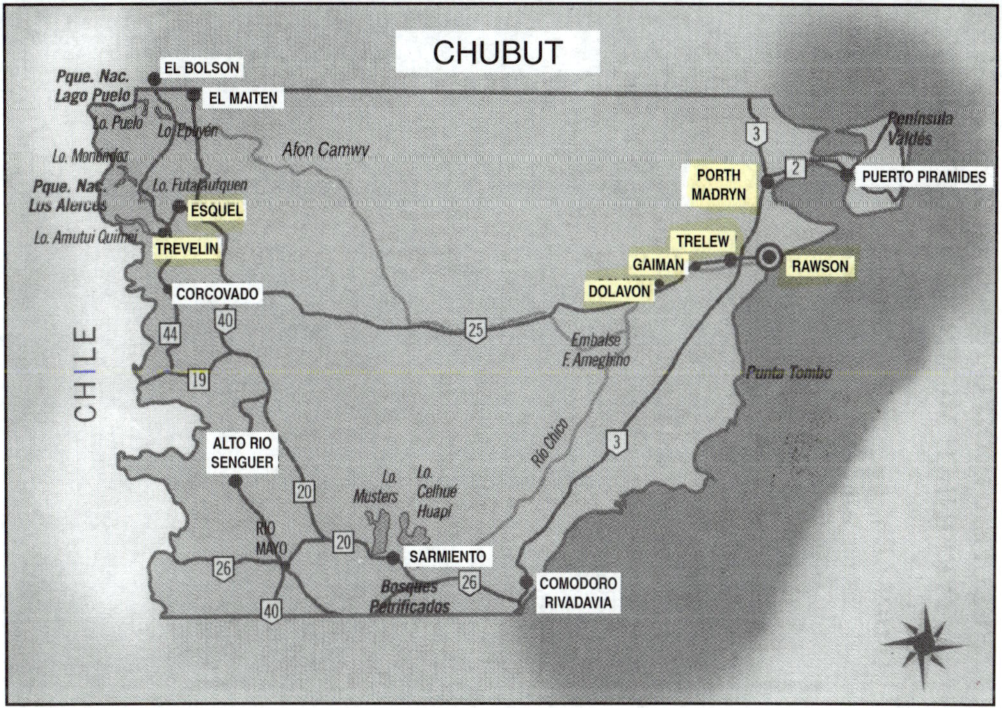

CHUBUT
EL BOLSON
EL MAITEN
Pque. Nac. Lago Puelo
Lo. Puelo
Lo. Epuyén
Afon Camwy
Pque. Nac. Los Alerces
Lo. Futalaufquen
ESQUEL
Lo. Amutui Quimei
TREVELIN
CORCOVADO
40
44
19
25
CHILE
ALTO RIO SENGUER
20
RIO MAYO
26
Lo. Musters
Lo. Celhué Huapi
SARMIENTO
Bosques Petrificados
COMODORO RIVADAVIA
Río Chico
3
Embalse F. Ameghino
Punta Tombo
DOLAVON
GAIMAN
TRELEW
RAWSON
PORTH MADRYN
2
PUERTO PIRAMIDES
Península Valdés

PELLTEROEDD O FEWN CHUBUT A'R CYFFINIAU MEWN KILOMEDRAU

O DRELEW

Dique Ameghino	127
Dolavon	39
Esquel	600
Gaiman	18
Madryn	67
Playa Unión	27
Puerto Piramides	153
Punta Tombo	107
Rawson	20

O ESQUEL

Bariloche	310
Futaleufú (Chile)	70
Llyn Futalaufquen	50
Llyn y Zeta	5
Maes Awyr	22
Trelew	600
Trevelin	25

TRELEW (90,000)

Mae'r rhan fwyaf o Gymry sy'n dod i Ariannin yn dod i Drelew, sydd 1400km o Buenos Aires, yn gyntaf, gan ei bod yn haws cyrraedd yno nag i unman arall yn Chubut. O gyrraedd efo'r awyren byddwch yn dod i mewn i faes awyr **Almirante Zar**, sy'n faes awyr digon bychan a chartrefol. (Peidiwch â phoeni am gofio'r enw gan nad oes neb yn ei ddefnyddio.) Oni bai bod rhywun yn eich cyfarfod, yr unig ffordd o fynd i mewn i'r dref yw mewn tacsi gan nad oes bws ar wahân i fws gwesty neu fws cwmni teithio. Ond mae'r tacsi yn weddol resymol ($8) a'r daith yn fer .

Os mai dyma'ch ymweliad cyntaf â Threlew bydd ei maint yn sicr o'ch synnu. Mae ei phoblogaeth o gwmpas 90.000 ac mae hi'n ganolfan bwysig i ardal eang. Oherwydd hynny mae yma lawer o siopau o bob math, swyddfeydd, banciau, ysgolion a cholegau. Ond yma does dim canolfannau siopa y tu allan i'r dref, gan fod hyd yn oed y ddwy archfarchnad fawr newydd o fewn cyrraedd cerdded rhwydd i'r canol, ac ynghanol tai ac adeiladau eraill.

Daeth y dref i fod pan ddechreuwyd codi'r rheilffordd oddi yma i Borth Madryn yn y flwyddyn 1886, ac fe'i henwyd yn Trelew ar ôl Lewis Jones, un o brif sylfaenwyr y Wladfa. Ychydig iawn sydd ar ôl i atgoffa'r teithiwr o'r blynyddoedd cynnar gan fod cymaint o'r hen adeiladau wedi eu tynnu i lawr i wneud lle i'r newydd, ond mae'n werth sylwi ar yr hen adeiladau sy'n aros, a chan eu bod i gyd o fewn cyrraedd i'w gilydd gellir eu gweld yn rhwydd mewn un bore. Prif stryd Trelew yw Avenida Fontana, a enwyd ar ôl Rhaglaw cyntaf y dalaith ac yno, ble mae'r groesffordd â stryd 9 de Julio, mae amgueddfa'r dref, sy'n galw ei hun yn **Museo del Pueblo de Luis** (*oriau agor 8.00 tan 2000* ar hyn o bryd, ond mae'n newid o dymor i dymor). Mae hon yn yr adeilad oedd yn orsaf drên ac a godwyd yn y flwyddyn 1889. Mae yno greiriau perthyn i'r Cymry ymysg pethau eraill.

Wrth ddod i lawr y stryd, ar yr ochr chwith mae hen westy'r **Touring Club**, y mae ei far yn werth ei weld â'r holl hen boteli yn hel llwch yno! Yno mae'r coffi gorau i'w gael, ac mae'n fan cyfarfod hwylus gan fod yno papur newydd i'w ddarllen a does neb yn eich hel oddi yno. Ar y dde, ychydig yn is i lawr, mae'r **Banco Nación** - y banc cenedlaethol, sy'n adeilad deniadol iawn. Mae newydd ei atgyweirio, a bellach mae ei gloc yn gweithio ac yn taro'r awr.

Wrth fynd i lawr am y groesffordd nesaf mae'n werth cael cipolwg ar du mewn y siop fferyllydd, sydd wedi bod yn ddigon doeth i beidio â newid gormod ar y silffoedd. Ar y groesffordd, trowch i'r dde i stryd San Martín, heibio i gornel lle gwerthu petrol sydd yn perthyn i Automobil Club Argentino. Os ydych chi'n awyddus i brynu map o'r dalaith dyma'r lle, ac os oes gennych chi gerdyn AA neu RAC bydd yn costio llai i chi.

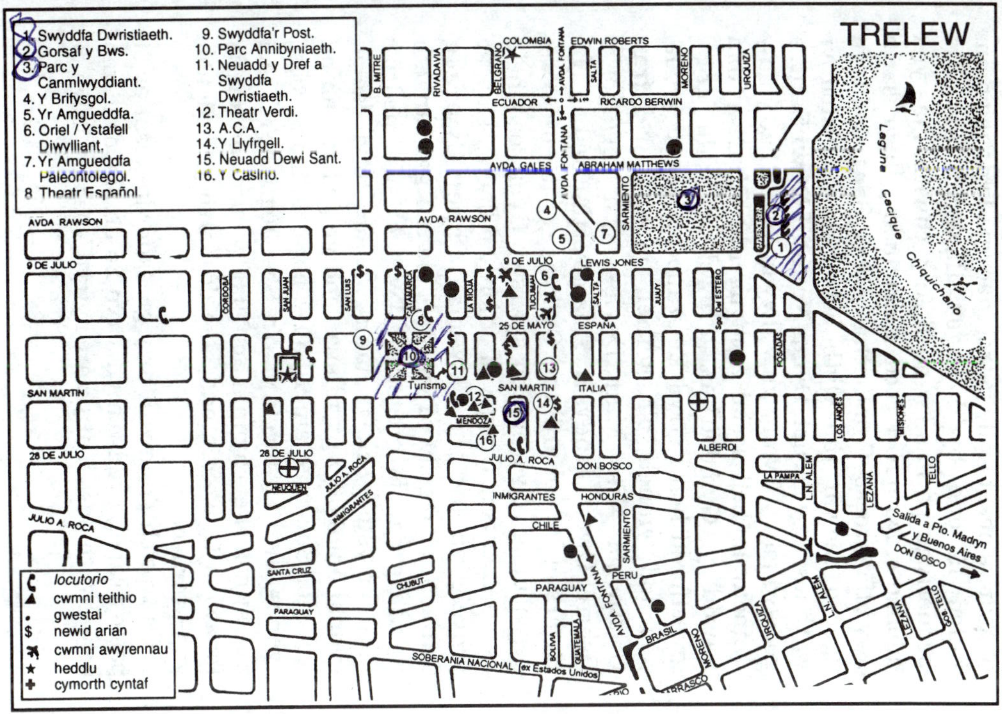
TRELEW
1. Swyddfa Dwristiaeth.
2. Gorsaf y Bws.
3. Parc y Canmlwyddiant.
4. Y Brifysgol.
5. Yr Amgueddfa.
6. Oriel / Ystafell Diwylliant.
7. Yr Amgueddfa Paleontolegol.
8 Theatr Español.
9. Swyddfa'r Post.
10. Parc Annibyniaeth.
11. Neuadd y Dref a Swyddfa Dwristiaeth.
12. Theatr Verdi.
13. A.C.A.
14. Y Llyfrgell.
15. Neuadd Dewi Sant.
16. Y Casino.
locutorio
cwmni teithio
gwestai
newid arian
cwmni awyrennau
heddlu
cymorth cyntaf
Laguna Cacique Chiquichano
AVDA RAWSON
9 DE JULIO
SAN MARTIN
28 DE JULIO
JULIO A. ROCA
B. MITRE
RIVADAVIA
BELGRANO
COLOMBIA
AVDA FONTANA
SALTA
EDWIN ROBERTS
MORENO
URQUIZA
ECUADOR
RICARDO BERWIN
AVDA GALES
ABRAHAM MATTHEWS
SARMIENTO
LEWIS JONES
ESPAÑA
ITALIA
25 DE MAYO
TUCUMAN
LA RIOJA
CATAMARCA
SAN LUIS
SAN JUAN
CORDOBA
JUJUY
Sgo Del ESTERO
POSADAS
LOS ANDES
MISIONES
Turismo
MENDOZA
ALBERDI
DON BOSCO
HONDURAS
INMIGRANTES
CHILE
PARAGUAY
PERU
BRASIL
BOLIVIA
GUATEMALA
SOBERANIA NACIONAL (ex Estados Unidos)
NEUQUEN
SANTA CRUZ
CHUBUT
LA PAMPA
L.N. ALEM
LEZANA
TELLO
GOB. TELLO
Salida a Pto. Madryn y Buenos Aires

Y drws nesaf i'r lle petrol mae yna le da iawn am hufen iâ ond bydd angen llawer o amser i benderfynu pa flas i'w gael! Ar y chwith, mae yna adeilad mawr o frics coch, â siopau ar y llawr isaf, a swyddfa groeso Cymdeithas Dewi Sant, sydd yn agor o bedwar tan wyth bob dydd yn ystod yr wythnos, ar y gornel. Dyma **Neuadd Dewi Sant**, a godwyd gan y Cymry yn y flwyddyn 1913 ac yma y cynhelir ambell sosial a chyngerdd Cymraeg dan nawdd y Gymdeithas. Trowch i'r dde ar y groesffordd hon i stryd Belgrano ac yno, ar y dde, heb fod ymhell o'r gornel, mae siop lyfrau Cristnogol Miss Mair Davies, sy'n enedigol o Bentref Cwrt, Llandysul. Yma gwerthir ambell lyfr Cymraeg a chardiau Cymraeg, ac os yw'r perchennog yn y siop, ceir sgwrs yn Gymraeg a help os oes ei angen. Croeswch y ffordd o flaen y siop, ac ychydig yn uwch i fyny mae **Capel Cymraeg Tabernacl**, a godwyd yn 1889, ble ceir gwasanaeth Cymraeg pan fo pregethwr i'w gael sy'n medru'r iaith. Yn ystod y gaeaf mae'r gwasanaeth yn cael ei gynnal am 6.00 y prynhawn, ond yn yr haf, pan na fo Ysgol Sul, mae am 10.30 y bore, ac mae croeso cynnes iawn i ymwelwyr. Yn Sbaeneg mae'r Ysgol Sul, sy'n cael ei chynnal am 10.30 y bore ond am fis Ionawr a Chwefror, ond mae dosbarth yr oedolion yn Gymraeg.

Os trowch i'r chwith ar y groesffordd nesaf ar ôl pasio'r capel, byddwch yn stryd 25 de Mayo, ac yno ar y chwith dewch at y parc hyfryd, coediog, ac yn ei ganol y *kiosco* a ddefnyddiwyd fel symbol ar bopeth adeg dathlu canmlwyddiant y dref. Wrth gadw'r parc ar y chwith byddwch yn dod at gornel 25 de Mayo a Mitre, ac yno, o'ch blaen, mae swyddfa'r post ble y bydd yn rhaid mynd i bostio llythyr gan mai yno y gellir cael stampiau. Wrth ochr y post mae hen adeilad y **Distrito Militar** (*oriau agor: 8.00 - 20.00, 17.00 - 20.00 fwrw'r Sul*) yn dyddio o tua 1910 - 20, sydd erbyn hyn yn oriel arlunio. Y bwriad yw ei adfer i'r hyn a fu, a phan ddigwydd hynny, bydd yn adeilad deniadol iawn. Yma y bu i lawer o ddynion ifanc Ariannin ddod i wneud eu gwasanaeth milwrol.

I gyrraedd yr olaf o'r adeiladau hynafol sy'n werth ymweld â nhw, rhaid mynd yn ôl at y gornel ble mae swyddfa'r post, croesi stryd 25 de Mayo a dal ymlaen ar hyd Mitre nes cyrraedd Avenida Gales. O droi i'r chwith yma dowch at adeilad o frics coch. Dyma'r **Hen Felin**, sydd bellach yn neuadd arddangos ddeniadol sydd wedi cadw peth o'i hen gymeriad. Yma, hefyd, y cynhelir cyngherddau weithiau. Mae'r llawr isaf yn *confitería* ble gellir cael rhywbeth bach i'w yfed a'i fwyta, neu hyd yn oed de Cymreig. Os ydych chi am ryw damaid ysgafn, yna gofynnwch am eu *picada* sydd yn dda iawn. Tameidiau o gaws, ham, pizza a rhyw fanion eraill i'w rannu rhwng criw yw hwn ac mae'n ddigonol i wneud y tro yn lle swper.

Adeilad newydd iawn yw **Amgueddfa Paleóntológico Egidio Feruglio** (*oriau agor,*

Llun i Gwener: 10.00 -18.00 y gaeaf a 10.00 - 20.00 yr haf, y Sadwrn a'r Sul: 10.00 - 20.00). Mae'r arddangosfa wedi bod ers rhai blynyddoedd mewn adeilad arall. Dyma le sy'n werth ymweld ag o, hyd yn oed os nad oes gennych chi ddiddordeb ysol mewn dinosawriaid! Mae'r cyfan wedi ei osod allan yn ddeniadol a diddorol, ac os ydych am weld ble cafwyd rhai o'r ffosilau gellwch drefnu yma i ymweld â pharc paleontolegol Bryn Gwyn, sydd ryw hanner awr o daith oddi yma. I fynd i hwn rhaid wrth arweinydd swyddogol, felly rhaid trefnu ymlaen llaw. Os am fynd, rhaid wrth esgidiau cyfforddus a digon o ddŵr i'w yfed os yw'n ddiwrnod poeth.

Parc Annibyniaeth (Plaza Independencia)
Mae hwn yng nghanol y dref rhwng strydoedd 25 de Mayo, San Martín, Rivadavia a Mitre. Mae'r coed tal yn rhoi cysgod yn yr haf, a min nos bydd yr adar yn eu llenwi â'u cân. Dyma le da i glywed y *benteveo* yn canu ei gân undonog. Yn y canol mae'r *kiosco*, a godwyd yn 1910, ond does dim yno ond plant yn chwarae! Gyferbyn â'r parc, ar stryd San Martín, mae eglwys babyddol **María Auxiliadora**, sy'n syndod o ddeniadol y tu mewn.

Parc Centenario
Ystyr yr enw yw parc y canmlwyddiant, gan mai adeg canmlwyddiant Trelew y dechreuwyd troi'r tir digon diffaith hwn yn barc. Ar un cwr iddo mae amgueddfa'r dref ac ar y cwr arall mae **llyn**

Cacique Chiquichano a gorsaf y bysiau, ac yn y canol, y parc ei hun sy'n llawn coed, llwybrau a lawntiau. Mae dwy gofgolofn yma, un i **Lewis Jones** a'r llall i'r rhai fu farw yn rhyfel y **Malvinas** yn 1982. Mae yma, hefyd, le chwarae i'r plant.

Gwybodaeth Ymarferol

Mae **swyddfa'r post** ar gornel stryd Mitre a 25 de Mayo, gyferbyn â'r parc. Yno mae prynu stampiau a phostio. Ewch yno yn y prynhawn pan fo pawb arall yn cysgu siesta i osgoi aros yn hir am eich tro.

Mae'r **swyddfa dwristiaid**, nad yw'n un dda iawn, ar stryd San Martín, rhif 171 ac er ei bod i fod yn agored drwy'r dydd, mae'n cau ar adegau annisgwyl.

Fel y dywedwyd eisoes, mae trin gwallt yn gallu bod yn ddrud iawn yn Ariannin ond mae un lle da a rhesymol yma. Mae ***Horacio*** ar y 9 de Julio 348 yn agored drwy'r dydd ac yn torri'n dda am bris rhesymol. Doed dim modd trefnu ymlaen, felly ewch yn ystod awr siesta rhag gorfod aros.

Mae yna lawer iawn o **fanciau** yn Nhrelew, sydd yn cau am un o'r gloch. Dim ond y banc ar Fontana, y **Banco de Nación**, sy'n newid sieciau teithio, ond mae peiriannau 'twll yn y wal' mewn llawer banc. Gellir newid arian hefyd gyda rhai cwmnïau teithio fel **Sur Turismo**, sydd ar stryd Belgrano, gyferbyn â'r capel.

Ar wahân i'r *locutorios* mae yna ddau neu dri man anfon a derbyn e-bost. Y goreuon a'r rhataf yw

Arnet sydd ar gornel Mitre a San Martín, a'r un ar stryd 25 de Mayo i fyny'r grisiau wrth ochr siop Jagüel.

Mae llawer o siopau yn Nhrelew yn gwerthu anrhegion 'lleol' ond mae un sydd yn fwy chwaethus na'r lleill, sef **Jagüel** ar stryd 25 de Mayo, rhwng Rivadavia a Belgrano.

TEITHIAU O DRELEW

Punta Tombo

Dyma'r lle i fynd i weld y pengwiniaid a'r ffordd hawsaf i wneud hynny yw ar daith wedi ei threfnu. Mae Punta Tombo 110km o Drelew ac mae'r ffordd yno yn arw iawn a'r llwybr heb ei balmantu y rhan fwyaf o'r ffordd. Mae modd ymweld rhwng mis Hydref a mis Mawrth, ond wedyn bydd yr adar wedi mynd am y de. Pengwiniaid Magellan yw'r rhain ac mae o leiaf 250,000 ohonyn nhw yno ar yr un pryd. Hon yw gwarchodaeth gyfandirol fwya'r byd. Gellir cerdded y llwybrau yno, gweld y nythod ac os ydych yno ar yr adeg iawn, sef ddechrau Tachwedd, gweld deor y rhai bach. Pan fydd llwybr pengwin yn croesi llwybr dyn, gan y pengwin y mae'r hawl arno!

Gorynys Valdés

Er bod modd mynd am y diwrnod o Drelew i'r Valdés er mwyn gweld y morfilod a chael syniad o'r dirwedd, i unrhyw un â diddordeb gwirioneddol ym myd natur, fydd hyn ddim yn ddigon. Os ydych yn bwriadu aros ym Mhorth Madryn, yna gwell

ymweld â'r Valdés oddi yno. Yr amser gorau i fynd yno yw rhwng mis Mai a mis Tachwedd oherwydd ym Mai bydd y morfilod yn cyrraedd er mwyn geni'r rhai bach yn nyfroedd cymharol gynnes y Bae Newydd. Mae'r orynys ei hun yn mesur fwy neu lai 6km wrth 40km a'r dref arni yw Puerto Pirámides, sydd 175km o Drelew. O Puerto Pirámides ceir teithiau mewn llong i wylio'r morfilod. Mae llawer mwy na morfilod i'w cael yn Valdés, fodd bynnag, a bydd y sawl sydd â chanddo ddiddordeb ym myd natur yn sicr o fod wrth ei fodd yn gweld y gwahanol adar, anifeiliaid a thyfiant. Yng ngogledd orllewin yr orynys mae'r *elefantería* bwysicaf yn y byd.

Mae aros ym Mhorth Madryn yn un dewis, ond os oes gennych chi gar, ac am weld mwy o'r orynys, yna byddai'n well aros yn Puerto Pirámides neu yn y ***Faro Punta Delgado*** (*Ffôn: 0054 2965 471910*). Mae digon o ddewis o westai yn Pirámides, ond nid dyma'r lle i aros yn ystod yr haf, gan fod cymaint o bobl ifanc yn treulio eu gwyliau yno a cheir sôn am drafferthion o bob math, gan gynnwys meddwdod a phrinder dŵr yfed! Os ydych chi'n dymuno gwersylla, yna mae modd gwneud hynny yn Puerto Piramides ond nid yn unrhyw fan arall ar yr ynys.

Argae Ameghino a'r coed wedi caregu

120km o Drelew, ar y ffordd am Esquel, mae argae anferth Florentino Ameghino a godwyd yn y flwyddyn 1962. Mae'r argae ei hun yn mesur 225 medr ac mae'r lle, gyda'r llyn anferth ar y dde a'r afon islaw ar y chwith yn rhedeg rhwng creigiau coch, yn hynod o drawiadol. Yno mae pentref bychan, lle i wersylla, ac ambell le yn gwneud bwyd ar gyfer ymwelwyr. Mae'r argae yn bwysig iawn i'r Wladfa oherwydd mai wrth ei godi i reoli dyfroedd yr afon Camwy y llwyddwyd i roi terfyn ar y llifogydd oedd yn fygythiad parhaol pob tro y byddai'r dyfroedd yn chwyddo gan yr eira a doddai ar fynyddoedd yr Andes.

Yn ddiweddar y darganfuwyd y coed wedi caregu yn yr ardal yma, er bod mannau eraill ble y gellir eu gweld. Y man pwysicaf yw'r ardal rhwng Comodoro Rivadavia a Sarmiento, yn ne'r dalaith, ond mae'r fan honno yn bell a'r union fan bellter o'r ffordd fawr. Oherwydd hyn, mae'r hen goedwig hon yn sicr o fod yn atyniad i ymwelwyr.

GWESTAI

Eich angen cyntaf ar ôl cyrraedd Trelew fydd gwesty, felly dyma ddetholiad o'r rhai mwyaf canolog. Mae'r rhain yn amrywio o ran safon a phris, ond mae pob un yn lân a'r rhai sy'n ei redeg yn ddigon cymwynasgar.

Rayentray **** (*San Martín 101, Ffôn: 0054 2965 434702 / 706, Ffacs: 0054 2965 435559,*
e-bost: rcvtw@internet.siscotel.com)
Dyma'r gwesty mwyaf yn y dref ac mae yn y canol ar gornel dwy o'r prif strydoedd, sy'n golygu bod rhai ystafelloedd yn swnllyd iawn. Cofiwch nad tref yw hon ble mae popeth yn cau am hanner nos. Bydd

y drafnidiaeth yn dal yn drwm am bedwar o'r gloch y bore! Mae yma ystafell fwyta helaeth â digon o ddewis, yn ogystal â *confitería*. Mae yma hefyd bwll nofio ac ystafell cadw'n heini. Mae'r ystafelloedd yn weddol fawr ac mae awyr oer ym mhob un, pan fo'n gweithio. Man gwan y gwesty yw'r gwasanaeth, ond os ydych am y lle crandiaf yn y dref, dyma fo.
Pris: Sengl: $90, Dwbl: $110, i dri: $130, Fflat: 150. Mae'r brecwast yn y pris.

Libertador **** (*Rivadavia 31, Ffôn/Ffacs: 0054 2965 420220, e-bost:* hlibertador@infovia.com.ar)
Mae hwn hefyd yn westy mawr, ond ei fod ychydig yn bellach o'r canol a heb fod ar gornel stryd, sy'n golygu ei fod yn dawelach. Mae yma ystafell fwyta a *confitería*. Dyw'r ystafelloedd ddim cymaint â rhai'r *Rayentray* ond maen nhw'n gyfforddus ag awyr oer ynddyn nhw, ac mae'r gwasanaeth yn iawn. O'r gwestai mawr, hwn yw'r gorau am ei bris.
Pris: Sengl: $70, Dwbl: $90, i dri: $104. Mae'r brecwast yn y pris.

Centenario *** (*San Martín 150, Ffôn/Ffacs: 0054 2965 421524, e-bost:* centenario@infovia.com.ar)
Mae hwn yn westy mawr yng nghanol y dref ond mae'r ystafelloedd yn fach ac mae angen gwario ar garpedi! Mae iddo ystafell fwyta a *confitería*.
Prisiau: Sengl: $40, Dwbl: $50, i dri: $80. Mae'r brecwast yn y pris.

Galicia * (*9 de Julio 214, Ffôn/Ffacs: 0054 2965 433802*)
Gwesty llai, o 33 ystafell yw hwn, yn cael ei redeg

gan yr un teulu ers blynyddoedd. Mae yng nghanol y dref ond mae llawer o'r ystafelloedd yn wynebu'r cefn, felly gellir gofyn am ystafell dawel. Does yma ddim ystafell ar gyfer pryd nos, dim ond ar gyfer brecwast. Mae'r gwesty cyfan newydd gael ei ail-wneud a'i ail-ddodrefnu ac yn llawer gwell nag y tybid o'r un seren. Os nad ydych am dalu prisiau'r gwestai mawr, mae hwn yn werth ei ystyried.

Pris: (Medi 15 - Mawrth 15) Sengl $40, Dwbl $52, i dri $72. (Mawrth 16 - Medi 14) Sengl $25, Dwbl $45, i dri $65. Mae brecwast yn y pris.

Hotel Touring Club *(Avenida Fontana 240, Ffôn/Ffacs: 0054 2965 425790-433997-433998, e-bost:* htouring@internet.siscotel.com)

Dyma'r gwesty hynaf yn y dre ac er ei fod wedi ei foderneiddio rywfaint o ran yr ystafelloedd, mae ei far/*confitería* yn edrych yn hynod o hynafol o hyd. Os ydych am awyrgylch, dyma'r lle, yn sicr. Mae'n lân, yn ddigon cyfforddus, ond nid yn foethus. Yn sicr, pan gyrhaeddwch eich ystafell byddwch yn teimlo'n siomedig ynddi, ond bydd y lle'n gwella wrth ichi ddod i'w adnabod! Mantais yw ei fod ynghanol y dref ac yn lle da i gyfarfod pobl, ond os yw sŵn yn eich rhwystro rhag cysgu, cofiwch ofyn am ystafell dawel.

Pris: Sengl $30, Dwbl $40, i dri $50.

Mae brecwast yn ychwanegol.

Hotel Provincia *(Avenida Fontana 565, Ffôn: 0054 2965 420944)*

Mae'r Provincia mewn lle cyfleus heb fod yn union ynghanol y dref ond o fewn rhyw bedair sgwâr. Er

bod y fynedfa ar y brif stryd mae'r ystafelloedd yn y cefn ac yn ddistawach o'r herwydd. Mae'r ystafelloedd ychydig yn dywyll a heb fod yn fawr ond mae'r cyfan yn lân a chysurus.
Pris: Sengl $25, Dwbl $40, i dri $50, i bedwar $65. Mae brecwast yn costio $3

Residencial Rivadavia (*Rivadavia 55, Ffôn: 0054 2965 434472, Ffacs: 0054 2965 423491, e-bost:* hotel_rivadavia@mixmail.com)
Lle syml iawn yw hwn, yr ystafelloedd yn fach ond yn lân, a dim awyr oer ond yr hyn geir drwy'r ffenestri. Ond mae mewn lle da, ac yn weddol dawel. Mae ystafelloedd y llawr isaf yn fwy cyntefig, yn rhan o'r hen adeilad ac o'r herwydd yn ddigon diddorol. Byddai'r rhain yn addas iawn ar gyfer rhai sy'n bodio neu rai prin o arian, gan eu bod yn rhatach na'r lleill.
Pris: Y llawr isaf: $13 heb frecwast neu $15 gyda brecwast yw'r pris bob un. Nid pris yr ystafell yw hwn. Gweddill y gwesty: Sengl $20 ($25 gyda brecwast), Dwbl $40 ($45 gyda brecwast), i dri $45 ($50 gyda brecwast).

Residencial Argentino (*Abraham Matthews 186, Ffôn: 0054 2965 436134*)
Maen nhw'n dweud fod hwn yn lle rhad a glân, ond pan fûm yn holi chefais i ddim croeso, a gwrthododd y perchenog roi prisiau i mi na gadael imi weld y lle. I'r rhai sydd yn teithio ar y bws mae yn gyfleus iawn.
Yn ôl rhestr swyddogol y swyddfa dwristiaid,

dyma'r prisiau: Sengl $15, Dwbl $25, i dri $35, y cyfan heb frecwast sy'n costio $2.50.

BWYTAI

Mae'r rhain yn newid mor aml fel mai prin ei bod yn werth eu nodi, ond dyma enwi rhai, rhag ofn.

Sugar, *25 de Mayo 246* (gyferbyn â'r plaza) O'r tu allan gallech feddwl mai rhyw le digon ffwrdd â hi yw hwn, gan nad oes llieiniau ar y byrddau, ond mae'n *restaurante* lle gellir cael pryd llawn neu frechdan grasu. Mae'r bwyd yn dda iawn, a'r salad a'r pwdin yn fwy diddorol nag mewn llawer man. Ond pris *restaurante* yw'r pris, beth bynnag yw golwg y lle.

Mi Refugio, *Rivadavia*, rhwng San Martín a Roca. Mae hwn yn hen le bwyta wedi newid dwylo yn ddiweddar, ond yn cadw ei safon hyd yma. Mae'r bwyd yn dda a diddorol, ond yn weddol ddrud os ydych chi'n cymryd tri chwrs a gwin da. Byddai pryd felly i ddau yn costio tua $60. Ond mae pryd cyflawn heb win i'w gael am $15, ond rhaid ichi ddal i ddarllen ymlaen yn y flwydlen, gan fod y ddalen sy'n ei hysbysebu tua'r cefn!

Girifalda, *Belgrano* (dros y ffordd i'r capel). Mae hwn yn well na'i olwg. Cewch bryd da yma yn ddigon rhesymol, ond efallai y bydd yn rhaid ichi ddisgwyl dipyn amdano. Mae dewis helaeth gan fod modd cael pob math o pizza yn ogystal â bwyd môr, cig a pasta. Ond ichi ddal i swnian amdano, cewch y fwydlen yn Gymraeg!

Lo de Halda, *Belgrano 455*. Lle digon cyffredin yw hwn, a'r bwyd heb fod yn arbennig o dda na rhad, er y gellir cael 'plat y dydd' yn ddigon rhesymol. Peidiwch â mynd yma ar ddiwrnod poeth gan fod y lle yn fach a does dim awyr oer.

Rancho Aparte, *Fontana*, bron ar gornel 9 de Julio. Dyma un o'r goreuon o'r parillas, sef lle i fwyta cig. Mae pryd yma yn costio $8 am hynny fynnoch chi o salad a chig o bob math, a hwnnw'n dod yn ddiderfyn at y bwrdd. Mae pwdin a diodydd yn ychwanegol.

3 bwyty Sieineaidd. Mae tri o'r rhain yn ymyl ei gilydd ar stryd San Martín rhwng Belgrano a Rivadavia. Y gwreiddiol yw'r ***Tres Chinos*** ble mae pryd cyfan efo popeth ond diod yn costio $5. Ar gornel Belgrano ac wrth ochr hwnnw mae dau arall ble mae'n costio $4! Ond gair o rybudd, nid bwyd o China gewch chi, ond rhyw gymysgedd o wahanol bethau â rhai ohonyn nhw ag arlliw China arnyn nhw! Helpu eich hun ydych chi yn y rhain, a hynny i salad o bob math, tatws, reis, *empanadas*, cig etc. Mae yna, hefyd, gig ar y *parilla*. Wrth gwrs, mae'r bwyd yn y rhain yn fargen, ac mae canmol mawr i'r Tres Chinos, ond mae ambell stori wedi fy rhwystro rhag eu profi'n ddiweddar.

Santa Catalina. Bwyty mewn siop fwyd fawr yw hwn, a hynny ar gyrion y dref, braidd yn bell o'r canol. Os ydych am fynd iddo, cymerwch dacsi. Os ydych am gerdded yna ewch i fyny stryd *Galina*. Mae'r bwyd yma'n dda a rhesymol iawn, a does dim rhaid mynd at y cownter i'w nôl.

Hiper Tía, *Centenario rhwng Belgrano a Rivadavia*. Dyma siop fawr arall â bwyty'n rhan ohoni, ond y tro hwn rhaid nôl eich bwyd eich hun. Mae'r siop yn ddigon agos i ganol y dref a gallwch gyrraedd yno drwy ddilyn stryd Belgrano, heibio cornel Neuadd Dewi Sant. Pan fo'r stryd fel petai yn gorffen, yna mae'r siop. Mae'r *restaurante* yn fawr iawn ac ynddo beiriannau microdon i dwymo'r bwyd os yw wedi oeri erbyn ichi gyrraedd eich bwrdd. Mae yna ddigon o amrywiaeth o bob math ac mae'r prisiau'n rhesymol iawn.

Anónima, *Colombia,* rhwng Belgrano a Fontana. Mae hon eto o fewn cyrraedd rhwydd gan mai'r cyfan sy'n rhaid ei wneud yw dilyn Avenida Fontana, y brif stryd, i ben y bryn. Yno, o'ch blaen, mae'r siop. Mae'r bwyd a'r prisiau yn debyg i rai Tía.

CAPELI'R DYFFRYN

Capel Rawson

Gan mai yn Rawson yr ymsefydlodd y Cymry gyntaf, does ryfedd mai yma hefyd yr oedd y capel cyntaf, er nad capel yn unig oedd yr adeilad a ddefnyddid ar gyfer addoli, ond adeilad ar gyfer popeth. Ond yn y flwyddyn 1873 codwyd capel pwrpasol, a'i ddefnyddio tan 1899 pan aeth gyda'r lli mawr a gafwyd y flwyddyn honno.

Pan ddaeth brawd Mrs Lewis Jones, Y Parchedig William Williams, yma fel

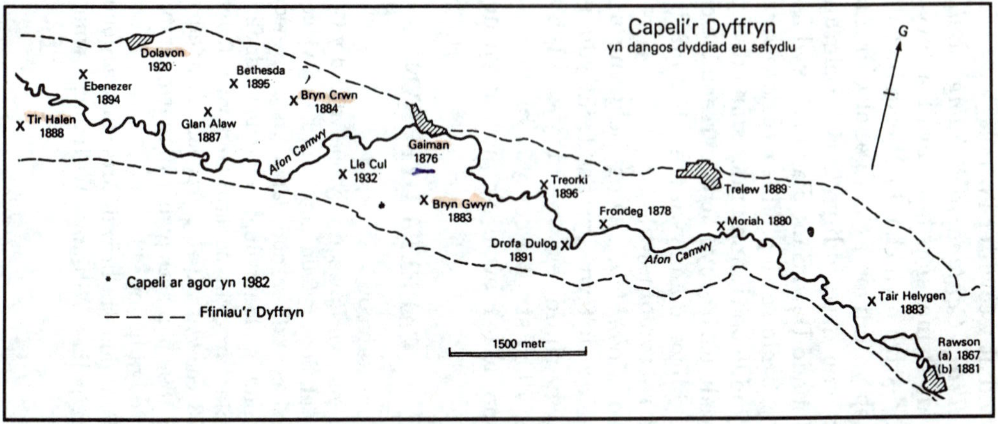
Capeli'r Dyffryn
yn dangos dyddiad eu sefydlu
G
Dolavon
1920
Ebenezer
1894
Bethesda
1895
Bryn Crwn
1884
Tir Halen
1888
Glan Alaw
1887
Afon Camwy
Gaiman
1876
Lle Cul
1932
Bryn Gwyn
1883
Treorki
1896
Trelew 1889
Frondeg 1878
Moriah 1880
Drofa Dulog
1891
Afon Camwy
Tair Helygen
1883
Rawson
(a) 1867
(b) 1881
• Capeli ar agor yn 1982
Ffiniau'r Dyffryn
1500 metr

gweinidog Presbyteraidd yn 1881, penderfynwyd codi capel, a hynny ar anogaeth Richard Jones Berwyn. Ar ei enw y galwyd y capel hwnnw pan agorwyd ef ac felly mae'n cael ei adnabod heddiw.

Bu'r capel ar gau am rai blynyddoedd ond bellach mae ar agor unwaith eto a cheir addoli cyson ynddo.

Mae'r capel ar gornel *Alejandro Maíz* a *Quintana*.

Moriah

Hwn oedd trydydd capel y Wladfa, a chodwyd ef yn 1880 dan anogaeth y gweinidog, Abraham Matthews, oherwydd fod Rawson yn bell i'r rhai oedd yn byw yn yr ardal hon. Yn y blynyddoedd cynnar, dyma ble cynhaliwyd yr ysgol hefyd.

Mae festri wrth ochr y capel, a'r ochr arall mae'r fynwent ddiddorol ble claddwyd cymaint o Hen Wladfawyr. Yma hefyd y ceir cofgolofn Abraham Matthews er nad ar gyfer y fan yma y bwriadwyd hi! Casglwyd arian ar gyfer ei chodi gan feddwl ei rhoi yn y Plaza Independencia yn Nhrelew, ond doedd Mrs Matthews ddim yn fodlon i hynny ddigwydd, felly yma, yn y fynwent, y mae hi.

Ar un adeg roedd cynulleidfa dda yn addoli yma, ond fesul tipyn aeth y bobl o'r ffermydd i fyw i Drelew. Gynt, roedd y capel ynghanol y wlad, ymhell o bob man ond erbyn hyn mae tai newydd o'i gylch ym mhobman. Ond nid capelwyr o Gymry sy'n byw ynddyn nhw.

Oherwydd hyn does dim gwasanaeth yn cael ei gynnal yn rheolaidd yma, ond cynhelir cymanfa ganu ambell waith.

Mae'r capel wedi ei nodi'n adeilad o ddiddordeb hanesyddol a gellir ymweld ag o ar ôl 4.00 y prynhawn yn ystod yr wythnos. I gyrraedd, rhaid cymryd y ffordd o Drelew am Rawson, ond gan ei fod yn bell i gerdded, gwell cymryd tacsi.

Tabernacl, Trelew

Dyma adeilad hynaf y dref, wedi ei godi yn 1889. Cwmni'r rheilffordd roddodd y tir ar gyfer ei godi a gweithwyr y cwmni, dan gyfarwyddyd y peiriannydd A P Bell, a'i cododd. Yn anffodus, pan ddaeth pennaeth arall yn lle A P Bell, roedd peth dyled heb ei thalu, a chan fod hwnnw'n eglwyswr selog heb gydymdeimlad â'r Ymneilltuwyr Cymreig, bu'n pwyso ar y gynulleidfa i dalu'r ddyled. Ar y ffordd adref o gyfarfod ble bu trafod y broblem cyfarfu rhywun â'r bonwr Jack Lewis, oedd yn byw ar y camp yn ardal Dôl y Plu, ac er nad oedd yn aelod o'r capel, talodd y ddyled. Mae bedd Jack Lewis i'w weld ar y ffordd rhwng Dôl y Plu a Rhyd yr Indiaid.

Gan i gymaint o deuluoedd symud i mewn i'r dref, bu mwy o lewyrch ar y gynulleidfa yma nag mewn llawer capel arall. Cynhelir Ysgol Sul yma'n rheolaidd a gwasanaeth yn yr hwyr, ond yn ystod mis Ionawr a Chwefror, pan nad oes Ysgol Sul, cynhelir y gwasanaeth yn y bore. Erbyn hyn, mae'r ysgol Sul yn

Sbaeneg ond am ddosbarth yr oedolion, ond, pan geir pregethwr Cymraeg, yn Gymraeg mae'r gwasanaethau.

Oherwydd twf yn nifer y plant a'r bobl ifanc sy'n mynychu'r Ysgol Sul bu'n rhaid ehangu'r festri yn y flwyddyn 1990, ac ar hyn o bryd mae cynlluniau i godi ystafell amlbwrpas a thŷ ar gyfer gweinidog.

Bethlehem, Treorki

Capel cyntaf ardal Treorki oedd Frondeg, a godwyd yn 1878, yr unig gapel gan y Bedyddwyr yn y Wladfa, ond aeth gyda'r lli yn 1899 a phenderfynodd y gynulleidfa ymuno â chapeli eraill.

Rhwng 1896 a 1898 codwyd ail gapel yr ardal, sef capel Bethlehem, drwy symbyliad y Bonwr William Edward Williams, Erw Fair ac eraill. Yn 1907 codwyd y capel presennol i gymryd lle'r llall oedd mewn cyflwr gwael. Y Fones Mary Williams, Erw Fair, roddodd yr enw Bethlehem arno. Fe'i atgyweiriwyd tua'r flwyddyn 1965 gan symud y pulpud fel ei fod yn wynebu'r drws a chodi ystafell fach, a hynny ar amser pan oedd y gynulleidfa yn un luosog. Erbyn heddiw mae'r rhan fwyaf o'r hen deuluoedd fu'n cynnal y capel wedi marw neu wedi symud o'r ardal ac ni cheir gwasanaethau yno.

Nazareth, Drofa Dulog

Ar ffarm Maes Comet y codwyd y capel cyntaf tua'r flwyddyn 1881, ond yn 1891 codwyd ail gapel mewn man mwy cyfleus a rhoi iddo'r enw Nazareth gan y gweinidog, y Parchedig D Lloyd Jones. Yma y cadwyd ysgol tan y flwyddyn 1897 pan godwyd ysgol bwrpasol ychydig lathenni o'r capel.

Hwn yw'r unig gapel yn y Dyffryn yr wynebir y gynulleidfa wrth fynd i mewn iddo.

Bellach, does yma ddim gwasanaethau rheolaidd, ond cynhelir cymanfa ganu yma unwaith y flwyddyn, ym mis Ionawr, rhag cau'r drysau yn derfynol.

Bethel, Gaiman

Hyd heddiw, mae dau gapel yn Gaiman, ar yr un tir, yr hen gapel a'r newydd, oherwydd yn wahanol i'r ardaloedd eraill cadwyd yr hen gapel pan godwyd y newydd.

Ond cyn codi yr un o'r ddau hyn yr oedd capel arall yma, mewn rhan arall o'r dref. Pan ddaeth pobl yma i fyw gyntaf yn y blynyddoedd 1874 -1876 roedd y rhan fwyaf ohonyn nhw'n byw yn yr ardal ble mae'r ysgol gynradd heddiw, felly yno y codwyd y capel cyntaf, sef y Capel Cerrig, a hynny ar dir a neilltuwyd ar gyfer y fynwent.

Aeth hwn yn rhy fach ar gyfer y gynulleidfa a disgynnodd ei do, felly, yn y flwyddyn 1884, codwyd capel newydd yr ochr draw i'r afon ar dir a roddwyd gan chwaer y Parchedig John Caerenig Evans, a'i alw'n Bethel. Roedd i hwn festri wrth ei ochr ble cynhelid ysgol Sul.

Wrth i'r Gaiman dyfu, aeth y capel hwn eto'n rhy fach ar gyfer y gynulleidfa, ac felly, rhwng y blynyddoedd 1912 a 1914, codwyd trydydd capel, a hynny wrth ochr yr ail, gan fod yma ddigon o dir. Dyma'r capel mwyaf o ddigon yn y Dyffryn â lle ynddo i 450/500. Erbyn hyn aeth y gynulleidfa'n llai o lawer, eto cynhelir ysgol Sul ac oedfa'r hwyr bob wythnos yn rheolaidd. Yn yr Ysgol Sul dim ond dosbarth yr oedolion sydd yn Gymraeg, ond ceir oedfa Gymraeg bob tro y mae hynny'n bosibl.

Un hynodrwydd i Gapel Bethel yw fod tad a mab, sef Y Parchedigion John Caerenig a Tudur Evans, rhyngddynt, wedi gweinidogaethu yma am tua 64 mlynedd.

Seion, Bryn Gwyn

Rhwng y blynyddoedd 1870 ac 1880 bu ymgynnull mewn tai yn yr ardal hon i gynnal gwasanaethau, ac yn ddiweddarach mewn ysgol, ond yn y flwyddyn 1883 codwyd capel a'i alw'n Seion. Ond yn 1888 fe'i dinistriwyd gan y storm. Codwyd capel arall o'r un enw ar yr un tir yr un flwyddyn.

Cynhelir gwasanaethau Sbaeneg yma dan nawdd Eglwysi Methodistaidd Sbaeneg Ariannin, gan i'r capel benderfynu peidio â bod yn rhan o Undeb Eglwysi Rhyddion y Wladfa.

Salem, Lle Cul

Dyma unig gapel sinc y Dyffryn. Fodd bynnag, mae ei du mewn o goed. Y Bonwr David Jenkins oedd yn gyfrifol am ddechrau achos yn yr ardal drwy gynnal Ysgol Sul yn ei dŷ ar gyfer plant, ac yna oedfa yn y bore a min nos ar gyfer eu rhieni ac eraill. Pan aeth i ffwrdd i Sarmiento yn 1901 chwalodd y gynulleidfa ac aeth rhai i Fryn Gwyn ac eraill i'r Gaiman.

Ond yn 1912 penderfynwyd codi capel yn yr ardal a'i alw'n Salem. Mae wedi cau i bob pwrpas ers tro ond cynhelir ambell beth fel te Gŵyl y Glaniad yno, ac yn ddiweddar cafwyd cwrdd i gofio'r hen deuluoedd. Yn dilyn hynny mae peth diddordeb mewn dechrau ysgol Sul yno eto.

Eglwys Anglicanaidd Llanddewi

Bu amser pan oedd eglwys Anglicanaidd yn Nhrelew, sef eglwys Sant Marc, a godwyd yn y flwyddyn 1891. Yn rhif 400 stryd fach Salta oedd hon, a daliai ryw 200 o bobl, ond gan i nifer y ffyddloniaid leihau fe'i dymchwelwyd yn y flwyddyn 1947. Gwerthwyd y ffenestri a'r drws i eglwys Babyddol y Gaiman.

Gan fod Edwin Cynrig Roberts, un o sylfaenwyr y Wladfa, yn eglwyswr selog, roedd yn naturiol iddo ddymuno gweld codi eglwysi gwladol yn y Wladfa. I'r diben hwnnw y daeth offeiriad ifanc allan gan gynnal gwasanaethau yn nhŷ Edwin Roberts. Ni fu yno'n hir iawn gan i'r cymorth at ei gynnal ddod i ben, ond yn ei le daeth y Parchedig Hugh Davies o Fangor ac aros yno weddill ei oes. Ar ei ffarm yn ardal Bethesda cododd, â'i ddwylo ei hun, eglwys syml yn y flwyddyn 1891 gan roi'r adeilad a'r tir y safai arni i'r Eglwys Anglicanaidd. Yn 1909 chwalwyd rhan o'r eglwys gan gorwynt ac er ei hatgyweirio bu'n rhaid ei dymchwel yn 1914. Codwyd un newydd yn yr un fan a'i hagor yn 1917.

Daeth cloch yr eglwys hon o Eglwys Llanllyfni, Arfon, ble y'i defnyddiwyd am dros 300 mlynedd.

Aeth yr offeiriad olaf yn ôl i Gymru ar ddiwedd yr ail ryfel byd ac ni fu fawr o lewyrch ar yr eglwys wedi hynny. Yn 1965 aethpwyd â'r meinciau a'r allor i gapel Berwyn, Rawson, pan gafodd hwnnw ei adnewyddu. Erbyn hyn, roedd yr eglwys ei hun mewn perygl gan fod crac mawr yn yr adeilad, ond yn dilyn apêl yn y flwyddyn 1987 codwyd digon o arian i adnewyddu'r adeilad, a bellach fe'i defnyddir ar gyfer gwasanaeth yn achlysurol.

Tair Helygen

Dyma gapel nad oes dim o'i ôl bellach er bod cynllun ar droed i osod rhyw fath o garreg goffa ar y safle.

Safai ar y llwybr rhwng Trelew a Rawson, llwybr Rhif 7 heddiw, a'i alw ar ôl tair coeden a safai yno. Yn 1883 y'i codwyd, ar y fan lle gorffwysodd yr Hen Wladfawyr ar eu taith o'r Bae Newydd i Gaer Antur, neu yn iaith heddiw, o Borth Madryn i Rawson. Aeth hwn gyda'r lli yn 1899, ond codwyd ail gapel yn syth. Yn anffodus, ni fu ei barhad yn hir gan i'r teuluoedd symud o'r ardal ac roedd ei ddrysau wedi cau ymhell cyn blwyddyn y canmlwyddiant. Ond cafodd y capel ei anfarwoli yng ngherdd Irma Hughes de Jones, *Y Capel Unig*.

Capel Bryn Crwn

Yn wahanol i'r rhan fwyaf o gapeli'r Wladfa, fu hwn erioed yn perthyn i unrhyw enwad. Daethai pobl i fyw i'r ardal yma tua'r flwyddyn 1880 a dechrau cydaddoli yn anenwadol tua'r flwyddyn 1884. Codwyd capel a'i ddymchwel yn ddiweddarach pan welwyd wrth ailfesur y tir, ei fod ar ganol ffordd! Yn y flwyddyn 1896 codwyd ail gapel, ond aeth hwn gyda'r lli yn 1899. Fe'i ailgodwyd yn 1900 mewn man nad aeth o dan y dŵr yn y flwyddyn flaenorol, gan sicrhau felly na fyddai'r llifogydd yn effeithio arno.

Hyd heddiw cynhelir gwasanaethau yma, ond dim ond pob deufis, am yn ail â chapel Bethesda. Erbyn hyn mae'r rhan fwyaf o'r rhai sy'n addoli yma yn perthyn i un teulu a hwnnw'n un o'r sylfaenwyr.

Capel Bethesda

Cafodd hwn ei godi gyntaf yn y flwyddyn 1895, fel rhaniad oddi wrth gapel Glan Alaw. Codwyd adeilad arall yn y flwyddyn 1904 a saif y capel hwn hyd heddiw, gan gynnal gwasanaethau bob yn ail mis ar y cyd â chapel Bryn Crwn. Cynhelir Ysgol Sul yma hefyd. Yr un teuluoedd sy'n ei gynnal heddiw ag a'i sefydlodd dros ganrif yn ôl.

Glan Alaw

Yn y flwyddyn 1887 yr agorwyd y capel hwn a hynny i ddiwallu angen rhai a deimlent eu bod yn bell o bob capel. Capel bychan iawn ydyw, a chwbl diaddurn, ar ganol cae ymhell o bob man. Mae ei ddrysau wedi cau ers tro, ond yn 1999 cynhaliwyd cwrdd Nadolig syml yma o barch i'r tadau fu'n gweithio mor ddiwyd yn holl gapeli bach y Dyffryn.

Carmel, Dolavon

Mae'r capel hwn ar y chwith wrth ddod i mewn i'r dref, union cyn croesi'r ffos ac ychydig lathenni oddi wrth y ffordd fawr.

Dim ond yn y flwyddyn 1920 y sefydlwyd eglwys yn Nolavon, a hyd y flwyddyn 1925 mewn tŷ yn y dref y cynhelid y gwasanaethau. Nid ei godi fel capel a gafodd yr adeilad sydd bellach yn gapel Carmel ond cael ei brynu gan Gymdeithas Flawd Bryn Gwyn. Dyma gapel arall nad yw'n perthyn i unrhyw enwad ond a fu o'r dechrau yn rhan o Undeb Eglwysi Rhyddion Protestannaidd y Wladfa.

Er na fu'r capel erioed yn llewyrchus iawn, ceir gwasanaethau yno o hyd unwaith y mis.

Capel Ebenezer

Yma yr addolai rhai o Ddolavon cyn codi capel yno. Fe'i codwyd yn 1894, yn gapel a festri, ond chwalwyd y capel gan y llif yn 1899 gan adael y festri, ac yno yr addolid wedi hynny.

Erbyn hyn mae'r capel wedi cau.

Bethel, Tir Halen
Sefydlwyd yr eglwys yn 1888, gan gyfarfod mewn tai, ond yn 1892 penderfynwyd codi capel. Dymchwelwyd yr adeilad yn llif 1899. Perthyn i'r Annibynwyr oedd Bethel, felly, yn y flwyddyn 1892, penderfynodd y Methodistiaid Calfinaidd godi eu capel hwy, a dymchwelwyd hwnnw hefyd gan y lli. Yn ôl y sôn, dim ond deng munud oedd rhwng dymchwel y ddau gapel. Hyd nes y codwyd y capel newydd yn 1901, addolid mewn tai, a chan i bawb uno i godi'r capel bu hwn o'r dechrau yn anenwadol.

Ni chynhelir gwasanaethau yma.

RAWSON (24,000)

Mae bysiau'n mynd yn aml yma o Drelew ac yn aros wrth y plaza, felly gwell disgyn yno na mynd i'r terfyn.

Erbyn hyn, Rawson yw enw'r dref, ond yr hen enw oedd Trerawson, ar ôl Dr Guillermo Rawson, gweinidog yn y llywodraeth, fu'n gymaint o help i'r Cymry yn ystod y blynyddoedd cynnar. Rhoddwyd yr enw Pueblo de Rawson ar y lle gan Murga, a chyfieithodd y Cymry'r enw i'r Gymraeg. Yma yr ymsefydlwyd gyntaf gan fod y dref ar lan yr afon a bod yma hen gaer.

Does fawr ddim o ddiddordeb yn y dref ei hun heddiw i'r Cymry a ddaw am dro, er mai hi yw prif

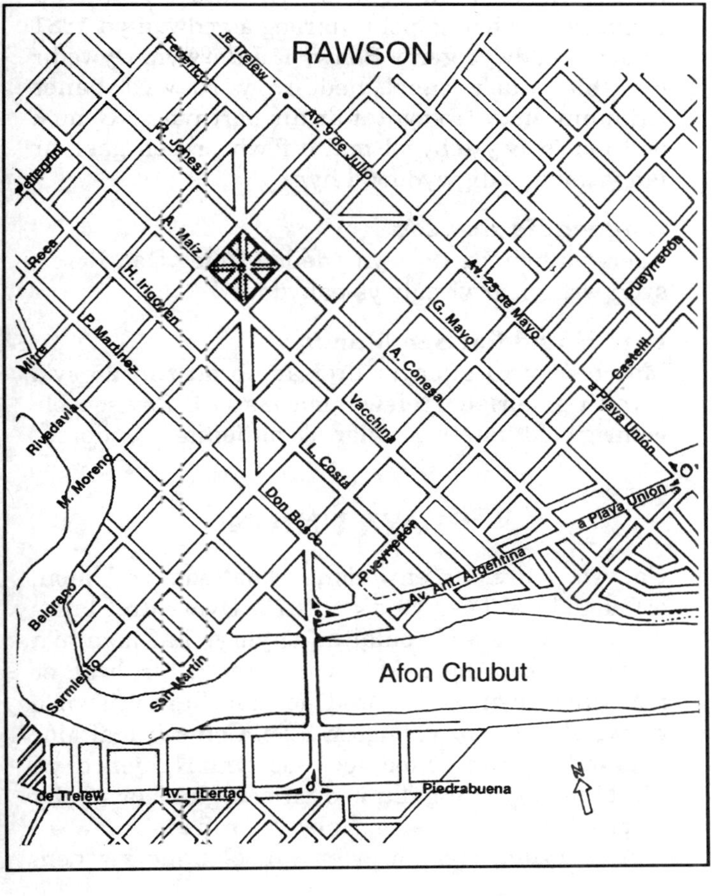

RAWSON
de Trelew
Federico
Av. 9 de Julio
R. Jones
Pellegrini
A. Maíz
Roca
H. Irigoyen
P. Martinez
Mitre
Rivadavia
M. Moreno
Belgrano
Sarmiento
San Martín
Av. 25 de Mayo
G. Mayo
Pueyrredón
A. Conesa
Castelli
Vacchina
a Playa Unión
L. Costa
Don Bosco
Pueyrredón
Av. Ant. Argentina
a Playa Unión
Afon Chubut
de Trelew
Av. Libertad
Piedrabuena
N

dref y dalaith gyda phoblogaeth o ryw 24,000. Erys Capel Berwyn ar gornel *Alejandro Maíz a Quintana*, yr hen gapel Cymraeg a godwyd yn 1881 ar dir a roddwyd gan y Bonwr R J Berwyn. Dywedir mai ble mae'r capel heddiw y codwyd baner Ariannin am y tro cyntaf ar dir perthyn i'r Cymry, ond mae'n fwy tebygol mai o fewn yr hen gaer, ar lan yr afon, y digwyddodd hynny.

Amgueddfa Rawson
Agorwyd hon yn 1941 yn adeilad Coleg Don Bosco, sydd wrth ochr yr eglwys babyddol.

Parc Hamdden San Martín
Mae hwn y tu allan i'r dref ar ffordd rhif 25 sy'n mynd i gyfeiriad Trelew. Yma mae sŵ Rawson ble gellir gweld llawer o'r adar a'r anifeiliaid brodorol.

PLAYA UNIÓN

Galwyd y dref ar enw llong Eidalaidd yr Unión, orffennodd ei hoes yma yn 1876. Dyma dref lan y môr y rhan hon o'r dalaith, ac yn yr haf mae hi'n orlawn o bobl ifanc. Mae yma draeth hir, braf, er mai bras iawn yw'r tywod ac mae llawer iawn o gerrig glan y môr rhyngoch ag o. Cofiwch mai Môr Iwerydd yw hwn a'i fod, fel y môr yng Nghymru, yn oer. Mae hefyd yn gallu bod yn beryglus iawn, felly gofalwch nofio ble ceir achubwyr profiadol.

Ar y cyfan, tref ar gyfer y bobl ifanc yw hon,

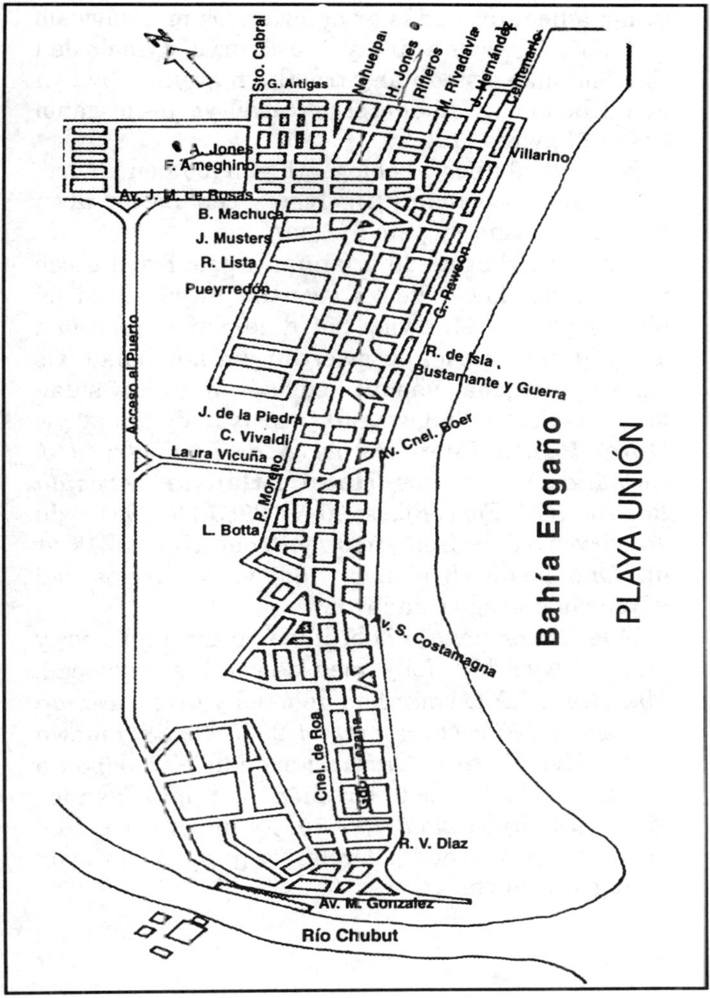
N
Sto. Cabral
G. Artigas
Nahuelpan
H. Jones
Rifleros
M. Rivadavia
J. Hernández
Centenario
A. Jones
F. Ameghino
Av. J. M. de Rosas
Villarino
B. Machuca
J. Musters
R. Lista
Pueyrredón
G. Rawson
R. de Isla
Bustamante y Guerra
Acceso al Puerto
J. de la Piedra
C. Vivaldi
Av. Cnel. Boer
Laura Vicuña
P. Moreno
L. Botta
Bahía Engaño
PLAYA UNIÓN
Av. S. Costamagna
Cnel. de Roa
Gdor. Lezana
R. V. Diaz
Av. M. Gonzalez
Río Chubut

gydag adloniant addas ar eu cyfer. Os mai dawnsio hyd doriad gwawr sy'n mynd â'ch bryd, dyma'r lle i chi. Ond mae eistedd ar y traeth yn gwylio'r byd yn mynd heibio yn ddiddorol, a'r awel yn llesol ganol haf ar ôl gwres Trelew.

Ni nodwyd nifer y boblogaeth gan fod hon yn dref y tai haf, a bod hynny'n golygu y ceir llawer iawn llai yn byw yma yn ystod y gaeaf.

Mae yma ddigonedd o fannau i gael bwyd o bob math, gyda llawer lle yn gwerthu bwyd parod fel pizza a phasta. Mae yma hefyd ddigon o hufen iâ a diodydd oer yn cael eu gwerthu ym mhobman. Os am aros yma, mae yna dri neu bedwar gwesty a dau le gwersylla. O'r gwestai, y mwyaf dymunol yw **Hotel Punta León** (*cornel J. de la Piedra a J. Hernández*) ond mae **Hotel Atlansur** (*Avenida Rawson 339, Ffôn/Ffacs: 00 54 2965 296398*) sydd yn edrych allan dros y môr, yn rhatach am $15 yr un. Ond peidiwch â mynd iddi yn yr haf os nad ydych chi'n gysgwr da iawn.

Mae llawer iawn o bobl ifanc yn gwersylla yn y *playa* drwy'r haf, felly mae dewis o wersylloedd. Mae ***Siglo XX1***, ym mhen deheuol y dref (*Avenida Centenario, Ffôn/Ffacs: 00 54 2965 482681*) mewn lle da. Mae ***Mutual Gaiman*** sydd ar *Nahuelpan* a *Lista*, braidd yn bell o'r môr, ond mae ganddo *ffôn/ffacs: 00 54 2965 496819*. Fy nghyngor fyddai mynd am y diwrnod o Drelew a gweld prun sydd orau gennych chi.

PORTH RAWSON

Mae'r porthladd ar geg yr afon Chubut rhwng Rawson a Playa Unión. Yma mae'r 'llynges felen' sy'n pysgota allan o'r porthladd yn dod i mewn i ddadlwytho ac mae'n werth bod yno bryd hynny, nid yn unig er mwyn gweld y pysgod ond hefyd i weld y morloi sy'n disgwyl am damaid.

Does yma ddim ond afon a llongau bach, a'r morloi ambell waith, ond mae yma le bwyta ardderchog y byddai'n drueni ichi beidio â chael ei brofi, sef y **Cantina Marcelino**. Yma cewch fwyta pysgod yn syth o'r môr, neu bysgod cregyn, ond os nad ydych yn fwytawyr mawr iawn, bydd un pryd rhwng dau yn ddigon. Yma bydd pryd i ddau, efo dau gwrs yn unig, ond efo potel o win da a soda a choffi i ddilyn yn costio tua $45.

PORTH MADRYN (63,000)

Yma, ar ochr ddeheuol y dref, y glaniodd y Cymry ar 28 Gorffennaf 1865. Wrth gwrs, bryd hynny, doedd yma ddim o gwbl, a dim ond gyda dyfodiad y rheilffordd y datblygodd y dref. Fe'i galwyd yn Borth Madryn am mai Castell Madryn oedd enw cartref Love Jones Parry ddaeth yma gyda Lewis Jones i archwilio'r wlad. Erbyn hyn, yr enw swyddogol yw Puerto Madryn.

Ym mis Medi 1998, gefeilliwyd Madryn, Ariannin gyda Nefyn, Cymru, a theithiodd y maer, y Bnr

MADRYN

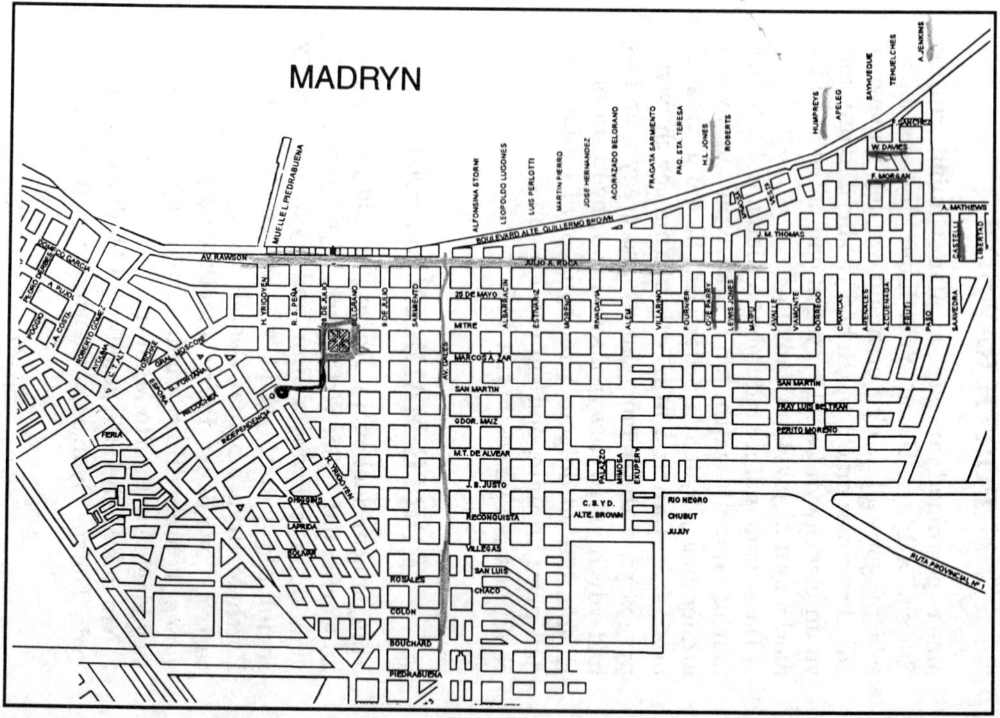

MUELLE L. PIEDRABUENA
AV. RAWSON
BOULEVARD ALTE. GUILLERMO BROWN
JULIO A. ROCA
ALFONSINA STORNI
LEOPOLDO LUGONES
LUIS PERLOTTI
MARTIN FIERRO
JOSE HERNANDEZ
ACORAZADO BELGRANO
FRAGATA SARMIENTO
PAG. STA. TERESA
H.L. JONES
ROBERTS
HUMPREYS
APELEG
SAYHUEQUE
TEHUELCHES
A. JENKINS
F. SANCHEZ
W. DAVIES
F. MORGAN
A. MATHEWS
CASTELLI
LIBERTAD
J. M. THOMAS
VESTA
H. YRIGOYEN
R. S. PEÑA
28 DE JULIO
BELGRANO
9 DE JULIO
SARMIENTO
AV. GALES
25 DE MAYO
ALBARRACIN
ESTIVARIZ
MORENO
RIVADAVIA
ALEM
VILLARINO
FOURNIER
LOVE PARRY
LEWIS JONES
MAIPU
LAVALLE
VIAMONTE
DORREGO
CHARCAS
ARENALES
AZCUENAGA
BERUTI
PASO
SAAVEDRA
MITRE
MARCOS A. ZAR
SAN MARTIN
GDOR. MAIZ
M.T. DE ALVEAR
J. B. JUSTO
RECONQUISTA
VILLEGAS
SAN LUIS
CHACO
ROSALES
COLON
BOUCHARD
PIEDRABUENA
FRAY LUIS BELTRAN
PERITO MORENO
PALAZZO
MIMOSA
EXUPERY
C. S. Y D.
ALTE. BROWN
RIO NEGRO
CHUBUT
JUJUY
RUTA PROVINCIAL Nº 1
H. YRIGOYEN
O'HIGGINS
LAPRIDA
BOLIVAR
INDEPENDENCIA
RECOCHEA
G. FONTANA
ESPORA
GRAL. MOSCONI
TORCHE
C. T. ALT
AYOLAS
ROBERTO GOMEZ
J. A. COSTA
POGGIO
PEDRO DERBES
A. PUJOL
DOMECQ GARCIA
FERIA

Victoriano Salazar, ei wraig Mythra a hanner dwsin o bobl eraill, i Gymru ar gyfer y seremoni gefeillio, gan dreulio wythnos yn Nefyn yn cymdeithasu.

Ar y cyfan, dod i Fadryn am y diwrnod o Drelew neu Gaiman fydd y rhan fwyaf o'r Cymry, ond os oes diddordeb gennych chi mewn bywyd gwyllt, ac yn bwriadu ymweld â Gorynys Valdés, byddai aros noson neu ddwy yma yn syniad da, gan ei fod lawer nes a bod mwy o ddewis o deithiau nag a geir o Drelew.

Mae bws yn dod bron pob awr o Drelew yma ac mae'r orsaf yn ddigon cyfleus i'r dref. Mae'r daith yn cymryd tuag awr.

Am y dref ei hun, mae hi'n fodern, yn llawn siopau ond gyda'r pwyslais ar lan y môr ac ymwelwyr haf. Daw'r llongau mawr, moethus i mewn yma a gwelir heidiau o dwristiaid yn cerdded y strydoedd yn chwilio am rywbeth sy'n nodweddiadol o'r lle i'w gymryd adref. Gwerthir cannoedd o grysau T yma â lluniau pengwiniaid a morfilod arnyn nhw! Mae ambell siop yn gwerthu nwyddau o safon uchel, ac ymhlith y goreuon ceir **Süden** (Roca 431) sy'n gwerthu crysau T a phethau o'r fath, a **Manos del Sur** (Roca 546), sy'n gwerthu cymysgfa o grefftwaith safonol iawn.

Mae dwy gofgolofn yma y dylid ymweld â nhw, ac mae'r gyntaf mewn lle amlwg wrth lan y môr. Cofgolofn y Cymry yw hon a godwyd yn 1965 i ddathlu canmlwyddiant glanio'r Cymry yma. Mae ar ffurf rhan o long ac ar y blaen mae delw o ferch

Gymreig. Yr ail yw cofgolofn yr Indiaid ac i gyrraedd hon rhaid dilyn glan y môr tua'r de nes cyrraedd y fan ble mae'r ffordd yn dringo. Yno, ar ben y bryn, mae'r Indiad yn edrych allan i'r môr.

Wrth fynd i lawr y bryn yn ôl i gyfeiriad y dref, ewch i lawr y stepiau sydd wrth ochr bwyty El Barco. Mae'r rhain yn arwain at y traeth, ac o droi i'r dde byddwch yn dod at y fan ble mae'r ogofâu y mae rhai yn honni i'r Cymry fyw ynddyn nhw. Mae'n siŵr petaen nhw wedi gwneud hynny y bydden nhw wedi boddi! Ond mae'n sicr mai rhywle yn y fan hyn y glaniodd y fintai gyntaf ac ar ben y clogwyni yma y codwyd cysgod ar eu cyfer gan Edwin Cynrig Roberts. Dywed rhai y gallent fod wedi byw mewn ogofâu y ceir eu holion wedi eu naddu yn y clogwyni, ond pwy a ŵyr beth yw'r gwir erbyn hyn?

Yn agos iawn at y fan yma, ond yr ochr arall i'r ffordd, y darganfuwyd olion corff gwraig a'i modrwy briodas. Y gred yw y gall fod yn gorff Catherine Davies, y wraig gyntaf o'r Cymry i gael ei chladdu yn y Wladfa.

Yn y dref ei hun, ychydig o olion y Cymry sydd yma. Yr amlycaf yw'r hen orsaf, sydd bellach yn orsaf bysiau (Yrigoyen rhwng Zar a San Martín). Ond gan fod gorsaf bysiau newydd (y tu ôl i'r hen un) bron yn barod, mae gobaith y bydd yr hen yn troi yn amgueddfa.

Mae yma ambell amgueddfa sy'n werth ei gweld. Un o'r goreuon yw honno sydd yn **Chalet Pujol,** tŷ a godwyd yn 1917, sydd ar gornel *Domecq García* a *Menéndez*. Amgueddfa bywyd gwyllt a bywyd y môr sydd yma. (*Oriau agor: 9.00 - 12.00, 14.30 - 20.30, ond dim ond 16.30 - 20.30 fwrw'r Sul*). Ar ffordd glan y môr (*Roca 444*) mae oriel arlunio, **y Museo de Arte Moderno** *sy'n agor 2.00 - 20.00 yn ystod yr wythnos a 16.00 - 22.00 fwrw'r Sul*.

Os ewch i'r plaza ynghanol y dref, gwelwch yno gofeb drist iawn. Mae yno gylch o byst a cherfddelw o ddyn tân yn cario corff plentyn, i gofio trychineb ddigwyddodd ddiwedd Ionawr 1994 pan gollodd llawer eu bywydau'n ymladd tân ar y paith, ac yn eu plith nifer o blant oedd yn llawer rhy ifanc i fod yn gwneud y fath waith.

Gwybodaeth Ymarferol

Mae swyddfa'r post ar gornel Belgrano a Gobernador Maíz.

Mae yna swyddfa dwristiaeth dda ar Roca 223 ble ceir llawer o fapiau a rhestri gwestai. Maen nhw hefyd yn trefnu teithiau cerdded yn y dref.

Y llefydd gorau i anfon a derbyn e-bost yw'r *locutorios* sydd ym mhobman.

Mae yma lawer iawn o gwmnïau teithio, gan gynnwys Sur Turismo sydd i'w gael hefyd yn Nhrelew. Mae hwn yn Roca 349. Yma hefyd, yn Roca 549, mae Nievemar.

GWESTAI

Penísnsula Valdés** *(Avenida Roca 155, Ffôn: 0054 2965 471292, Ffacs: 0054 2965 452584, e-bost:* info@hotel-peninsula-valdes.com)

Mae hon yn hotel fawr yn edrych allan dros y môr, ac o'r herwydd mae golygfa ardderchog o rai ystafelloedd. Mae yma bopeth y gellid ei ddisgwyl mewn hotel o'r fath, gan gynnwys sauna.

Pris: (ar sail ystafell i ddau) $115 (ystafell gyffredin), $140 (ystafell â golygfa o'r môr). Mae brecwast yn y pris.

Playa* *(Avenida Roca 187, Ffôn/Ffacs: 0054 2965 451446, e-bost:* playahotel@playahotel.com.ar)

Hotel ychydig yn hŷn ond cyfforddus, a rhai ystafelloedd â golygfeydd o'r môr. Mae'r *confitería* yn gwneud coffi ardderchog, a does dim rhaid bod yn aros yma i'w brofi.

Pris: Mae tri dosbarth o ystafell, ond rhoir y prisiau am y rhai canolig, sef â golygfa ond nid o'r môr. Rhaid talu rhagor am y rheini. Mae rhai rhatach, mewnol. Sengl $85, Dwbl $90, i dri $130. Mae brecwast yn y pris.

Hotel Tolosa* *(Roque Saenz Peña 253, Ffôn: 0054 2965 471850/456122/456396, Ffacs: 0054 2965 451141, e-bost:* tolosa@hoteltolosa.com,ar)

Mae hon yn hotel o safon uchel ynghanol y dref heb olygfeydd, ond mae llawer iawn o'i phlaid, gan ei bod yn hynod o lân a chwaethus, a'r rhai sy'n gofalu yn ddymunol iawn.

Pris: Mae tri dosbarth o ystafell, ond rhoir y prisiau am y rhai isaf, y rhai cyffredin. Sengl $77, Dwbl

$87, i dri $115. Mae fflatiau ar gael am $154. Mae brecwast yn y pris.

V***illa Pirén****** (*Roca 439, Ffôn / Ffacs: 0054 2965 456272 / 456276,*
e-bost: piren@internet.siscotel.com)

Mae hon yn wynebu'r môr, felly mae gan rai ystafelloedd olgyfa ardderchog. Mae'n hotel fodern a deniadol ei dodrefn, ac mae'r cyfan yn lân a chwaethus iawn. Dyma le i'w gymeradwyo.

Pris: (ar sail ystafell ddwbl) $58 (golygfa o'r môr), $55 (golygfa o'r ddinas). Mae fflatiau i ddau, sy'n hyfryd tu hwnt, yn costio $60.

Bahía Nueva*** (*Roca 67, Ffôn / Ffacs: 0054 2965 451677 / 450045 / 450145,*
safle ar y we: http: //www.bahianueva.com.ar
e-bost: hotel@bahianueva.com.ar)

Hotel newydd wedi ei chodi ar ddull mwy traddodiadol fel bod y cyntedd yn gynnes, groesawus yr olwg. Gan ei bod ar lan y môr, mae golygfa ardderchog o rai ystafelloedd.

Pris: Sengl $65, Dwbl $82, i dri $102. Mae brecwast yn y pris.

El Cid *** (*25 de Mayo 850, Ffôn / Ffacs: 0054 2965 471416,*
safle ar y we:
http: //www.advance.com.ar / usarios / mapasa
e-bost: hotelcid@infovia.com.ar)

Pris: Sengl $40, Dwbl $55, i dri $65. Dyma brisiau'r ystafelloedd sylfaenol ar y cyfnod rhataf. Mae brecwast yn y pris.

Gran Palace** (*28 de Julio 400. Ffôn: 0054 2965 471009*)
Mae hon yn hen hotel ynghanol y dref sy'n gweithio llawer gyda grwpiau, ac o'r herwydd, gall fod yn swnllyd.
Pris: Sengl $20, Dwbl $35, i dri $45. Mae brecwast yn y pris.
Hostal del Rey** (*Brown 681, Ffôn: 0054 2965 471156*)
Yma eto mae gan rai ystafelloedd olygfa hyfryd. Byddai un seren yn fwy addas gan mai syml iawn yw'r ystafelloedd ac mae angen adnewyddu llawer o bethau yma.
Pris: Sengl $40, Dwbl $50. Mae brecwast yn y pris.
Yanco** (*Roca 626, Ffôn: 0054 2965 456411, Ffacs: 0054 2965 471581*)
Er bod y fynedfa o stryd Roca, mae gan rai ystafelloedd olygfa o'r môr. Mae hon yn debycach i hotel un seren.
Pris: Sengl $28, Dwbl $40, i dri $54.
La Posada de Madryn** (*Abraham Matthews 2951, Ffôn: 0054 2965 4474087/472523/453525*)
Hotel gymharol newydd braidd ymhell o ganol y dref, ond mae tacsi i'w gael am $2. Mae parc hyfryd o amgylch yr adeilad ac mae hwnnw yn ddeniadol er yn syml. Os ydych chi am le tawel i ymlacio ynddo, mae fan hyn yn iawn.
Pris: $45 am ystafell ddwbl.
Hostería Hipocampo** (*Vesta 33, Ffôn/Ffacs: 0054 2965 473605*)

Gwesty syml yn agos at môr ond yn bell o ganol y dref.

Pris: Sengl $25, Dwbl $30, i dri $40.

Aclamar (*25 de Mayo, Ffôn: 0054 2965 451509*)

Ystafelloedd digon bychan yn agor allan o'r patio, sy'n golygu nad oes ffenestri i'r stryd. Mae'n syml iawn, ond yn ddigon derbyniol os ydych chi'n chwilio am le rhad iawn.

Pris: $25 am ystafell ddwbl heb frecwast.

Manolo's (*Roca 763, Ffôn: 0054 2965 472390*)

Lle bychan, syml, glân heb fawr o gyfleusterau, ond mewn lle hwylus. Mae o'n well na'r rhan fwyaf o'r rhai rhad.

Pris: Ystafell ddwbl - $35.

La Posta *(Roca 33, Ffôn: 0054 2965 472422)*
Mewn lle cyfleus ar lan y môr ac yn rhad.
Pris: Ystafell ddwbl - $30

Hotel Fflatiau

Apart Hotel Nueva León *(Avenida Domecq García 365, Ffôn: 0054 2965 474125, Ffacs: 0054 2965 453069, e-bost:* nvLeón@internet.siscotel.com.ar)
Nid fflatiau yw'r rhain mewn gwirionedd ond tai, gan fod mwy nag un llawr i bob un. Mae'r cyfan wedi eu dodrefnu'n dda ac mae awyrgylch pob un yn hyfryd. Anfantais y fflatiau yw eu lleoliad gan nad ydyn nhw yr ochr iawn i'r dre nac ar lan y môr, ond os nad yw lleoliad o bwys byddai'r rhain yn ddelfrydol ar gyfer teulu neu grwp o ffrindiau.
Prisiau: Fflat ar gyfer dau, $100, ar gyfer tri, $115, ar gyfer pedwar, $120, ar gyfer pump, $145 ac felly ymlaen hyd at wyth gan ychwanegu $25 pob tro.
Las Bardas *(Morgan 1751, Ffôn/Ffacs: 0054 2965 474357, safle ar y we: http://www.lasbardas.com.ar e-bost:* lasbardas@lasbardas.com.ar)
Dau lawr o fflatiau mewn gardd braf â lle i eistedd allan. Mae dipyn o ffordd o ganol y dref ond heb fod ymhell o'r môr. Dyma le tawel fyddai'n ardderchog i rywun â chanddo gar. Ceir tacsi am $2.
Pris: i un $67, i ddau $77, i dri $87, i bedwar $97. Mae brecwast yn pris.
Patagonia *(Albarracín 45, Ffôn/Ffacs 0054 2965 452103, e-bost:* hotelpat@arnet.com.ar)
Os mai chwilio am le i fod yn annibynnol, sydd heb

fod ymhell o'r môr, ydych chi, a hynny am bris rhesymol, mae fan hyn yn iawn, ond o dalu mwy cewch well lle.
Prisiau: I ddau $40, i dri $45, i bedwar $50, i bump $70, i chwech $80.

BWYTAI

Mae llawer iawn o'r rhain fel y gellid disgwyl mewn tref glan y môr. Mae yna rai sydd yn llythrennol ar y traeth, fel *Na Praia*, *Yoaquina* a *Golfo Azul* a phan na fo'r lle'n orlawn o ymwelwyr mae cael cwpanaid o goffi neu bryd o fwyd yn y rhain yn ddymunol iawn.

I gael pryd llawn amser cinio neu fin nos, mae yna *restaurantes* a *parillas* y gellir eu cymeradwyo.
Estela, *Roque Sáenz Peña 27*. Mae yma bob math o fwyd i'w gael, ac mae'r cig a'r pysgod yn dda iawn. Mae'r tu mewn yn ddiddorol gan fod yma bosteri a chardiau o Gymru er nad Cymry yw'r perchnogion. Ond mae Estela yn dysgu Cymraeg ac yn cymryd diddordeb mawr yn y wlad. Enillodd y Dorch Aur yn Sbaen am ei choginio.
Buey, *Brown, rhwng y 3ydd a'r 4ydd cylchdro.* Mae safle hwn ar y traeth yn hyfryd a'r bwyd o safon uchel.
El Náutico, *Roca 790*. Dyma hen *restaurante* traddodiadol sydd wedi cadw ei safon ar hyd y blynyddoedd.
Paris New, *Roca 672*. Mae hwn yn galw ei hun yn newydd gan ei fod wedi newid perchenog yn lled

ddiweddar, ac wedi newid safle. Hyd yn hyn, mae'r bwyd yn plesio, ac mae'r ystafell yn braf.
El Barco, *Curva del indio.* Dyma un o'r safleoedd gorau ym Madryn, yn agos iawn at gofgolofn yr Indiad a'r traeth ble glaniodd y Cymry. Mae'r enw'n un addas gan fod eistedd yno yn debyg i fod ar fwrdd llong. Er bod rhai'n dweud fod y safon yn anwastad, byddai'n werth mentro er mwyn yr olygfa, ond cofiwch ofyn am un pryd rhwng dau!
El Chalet, *Humphreys 123*. Mae hwn yn newydd sbon, ond os oeddech chi'n adnabod La Chiminée, yr un lle yw hwn ond wedi symud a chael enw newydd. Roedd hwnnw'n enwog am fwyd da, felly gobeithio y bydd hwn felly hefyd.

BYWYD GWYLLT A PHLANHIGION TALAITH CHUBUT

Mae talaith Chubut rhwng cyflinellau lledred 42 a 45 gradd i'r de o'r cyhydedd, ac, o'r herwydd, mae'r tywydd yn sych neu led sych ac oer, gydag eithafion tywydd mewn mannau. Mae Colonia Sarmiento, er enghraifft, sydd ynghanol y dalaith ac i'r de ohoni, yn gallu cael tywydd o - 30°C yn y gaeaf a 37°C yn yr haf.

Rhennir y dalaith yn dair wrth sôn am y math o dywydd a geir ynddi:

1. Ardal arfordir môr Iwerydd ble ceir hafau poeth a gaeafau oer a llaith.

2. Ardal y byrdd-diroedd a'r trumiau ynghanol y dalaith ble ceir hafau poeth, sych, gaeafau oerach â pheth eira lleol.
3. Ardal troedfynyddoedd yr Andes ble ceir hafau poeth, gaeafau oer iawn â thymheredd o dan bwynt rhewi a llawer o law a lleithder.

Yn gyffredinol, gwyntoedd o'r gorllewin neu'r de-orllewin geir amlaf ym Mhatagonia a'r rheini ar adegau cyn gryfed â 120 km yr awr. Ond mewn mannau, yn enwedig tua Phenrhyn Valdés, gall chwythu o unrhyw fan, gan gynnwys y gogledd a'r gogledd-ddwyrain.

Cyfartaledd y glaw mewn rhai mannau

Comodoro Rivadavia	260mm y flwyddyn
Esquel	640mm y flwyddyn
Futalaufquen (yn ardal y llynnoedd)	1000 - 1500mm y flwyddyn
Rhyd yr Indiaid (ar y ffordd i'r Andes)	190mm y flwyddyn
Trelew a'r cylch	190mm y flwyddyn
Trevelin	600 - 800 mm y flwyddyn

Fel rheol, yr hinsawdd a'r math o dir a geir yno, sy'n penderfynu pa dyfiant a geir mewn ardal. Paith prysgwyddog, glaswelltog ei dir yw talaith Chubut, ac ar wahân i ardal y mynyddoedd, ble ceir mwy o law, llwyni isel bychan eu dail, pigog gan amlaf, sy'n tyfu yma; sef planhigion sydd wedi addasu i fyw am gyfnodau hir heb ddigon o ddŵr.

Planhigion

Os mai i Ddyffryn Chubut, hynny yw, i Drelew neu'r Gaiman y daw'r ymwelydd gyntaf, yna llwydni'r paith fydd yn ei daro, mae'n siwr, a bydd yn credu nad oes fawr o amrywiaeth yn y tyfiant a geir yno, gan na wêl yr anghyfarwydd ddim ond drain a thwmpathau. Fesul tipyn, wrth gerdded y paith sych, y daw i sylweddoli bod sawl math o ddrain yn tyfu yma! Yr hyn sy'n eu gwneud yn debyg i'w gilydd yw'r pigau mawr a geir arnyn nhw.

O'r rhain, y mwyaf diddorol i'r Cymro yw'r celyn bach, a aeth i'r iaith Sbaeneg fel *quilembai*! Nid coeden gelyn 'mo hon ond mae'n siŵr i'r hen Gymry, yn eu hiraeth am yr hen wlad, ei gweld yn debyg a'i galw'n gelyn bach. Ei henw gwyddonol yw *Chuquiraga avellanedae*.

Planhigyn arall sy'n britho'r bryniau yn y rhan hon yw'r *algarrobo* (*Prosopis apataco*) y llosgir ei wreiddiau i gynnau tân. Dyma'r pren carob yr oedd Ioan Fedyddiwr wedi bwyta ei ffrwyth ac y mae rhai pobl yn ei fwyta yn lle siocled gan fod ei flas yn debyg. Defnyddir trwyth o ddail y *jarilla* (*Larrea*) i roi sglein ar wallt wrth ei olchi.

Yn yr Andes ac yn fwy i'r de, mae 'calafats' yn tyfu. Dyna enw'r Cymry ar y *calafate*. Mae gan hwn ffrwyth bychan glasddu, a dywedir, o'i fwyta, fod dyn yn sicr o ddod yn ei ôl i Ariannin.

Y coed mwyaf amlwg i'r ymwelydd yn Nyffryn Camwy yw'r canlynol:
Y boplysen, neu'r *álamo*, y *tamariscos* a'r helyg neu'r *sauce,* yn helyg brodorol ac yn helyg wylofus. Mae'r poplys neu'r poplars, fel y gelwir hwy, ym mhobman hyd ochrau'r ffyrdd drwy'r Dyffryn, yn rhesi tal, â'u dail yn troi'n felyn yn yr hydref. Bydd unrhyw un sydd wedi ymlafnio i dyfu coeden damarisg yng Nghymru, yn rhyfeddu at y gwrychoedd tal yn y Wladfa. Gall blodau'r rhain fod yn binc neu'n lliw hufen. Erbyn hyn, yr helyg wylofus sydd fwyaf amlwg, gan gymryd lle'r hen helyg brodorol bron yn llwyr, ond dylech weld y rhain yma ac acw, yn enwedig ar y ffordd i'r Andes.

Mae coed yr Andes yn wahanol. Yno'r goeden *maitén* sy'n tynnu sylw. Mae dail hon yn wyrdd drwy'r flwyddyn, a dyma'r unig goeden y mae'r anifeiliaid yn ei phori. Hynny sy'n rhoi iddi ei siâp crwn. Coeden arall ddiddorol iawn y gallech ei gweld o fynd fwy i'r gogledd yw'r *araucaria*, sy'n fath o binwydden. Dyma'r goeden oedden ni, blant, yn ei galw'n goeden mwnci!

Os ewch ar daith ar y llynnoedd uwchben Esquel, byddwch yn mynd heibio i goed sy'n tyfu yn y dŵr. Dyma'r myrtwydd,neu'r *arrayán*, sy'n tyfu'n goedwigoedd trwchus yma. Os cerddwch ar lannau'r llynnoedd, byddwch ynghanol y coed sydd wedi rhoi eu henw i'r parc cenedlaethol yma, sef yr *alerces*, neu'r llarwydd. Mae'r hynaf o'r rhain yn 2,600 oed ac yn mesur 220m o'i chwmpas a 57m o uchder. Yn tyfu'n drwch yma, hefyd, mae'r *caña*, y câns. Dyma'r pren y gwneir dodrefn ohono ac a ddefnyddid ers talwm mewn ysgol i roi slaes i blant drwg!

Efallai y byddwch wedi gweld ambell froits neu addurn wedi ei wneud allan o bren deuliw, ac yma, yn ardal y llynnoedd, cewch gyfle i weld y goeden. Hon yw'r *radal* y mae lliwiau ei phren mor ddeniadol.

Wrth gwrs, mae yn y Wladfa goed ffrwythau hefyd. Ar y cyfan, rhai cyffredin i Gymru geir yn yr Andes, er bod cwins yn tyfu yno. Yn y Dyffryn ceir y rhai cyffredin a rhai y bydden ni yma yn falch o allu eu tyfu. Yn eu plith mae'r eirin gwlanog, y bricyll, y ffigys, yr olewydd a'r grawnwin.

Y prif dyfiant amaethyddol yn y Dyffryn yw'r alfalfa, ac mae hwn a'i liw porffor yn amlwg iawn, ac yn tyfu'n dda. Planhigyn arall sydd yn gorchuddio rhan helaeth o'r tir yw'r Owen C neu'r wancy (*Lepidium (Cardaria) draba*). Rhyw liw hufen sydd i hwn, ac nid yw o unrhyw werth i na dyn nac anifail.

Mae ei hanes yn ddigon diddorol. Yn ôl y sôn, daeth gŵr o'r Dyffryn o'r enw Owen C Jones, a hanai o Lanuwchllyn, â hadau'r blodyn o Awstralia ym mlynyddoedd cyntaf y ganrif ddiwethaf, pan oedd ar un o'i fynych deithiau dramor. Credai, mae'n debyg, y byddai'n borthiant da i'r anifeiliaid, ond nid felly y bu, a throes i fod yn bla gan na wna'r un anifail ei fwyta.

Un o ffenomenau y byrdd-diroedd ym Mhatagonia yw'r *mallín*, y mannau gwastad sy'n llenwi â dŵr ar adeg o law mawr. Gan fod y dŵr bas yn dal ar wyneb y tir ceir gwair yn tyfu yma, y *mallín* y mae'r anifeiliaid mor hoff ohono.

Cymharol ychydig o flodau gwylltion sydd yn y Dyffryn ond yn yr Andes bydd ambell flodyn yn sicr o dynnu eich sylw, yn enwedig felly yr *amancay*. Mae hwn yn flodyn melyn dwfn ei liw yn tyfu ar hyd ochrau'r ffyrdd a than y coed. Yn tyfu hyd ochrau'r ffyrdd, hefyd, mae'r *mutisia* ond dringwr yw hwn sy'n drwch ar hyd y gwrychoedd. Mae dau fath ohono, yr oren trawiadol a'r math arall, a elwir yn *verreina*, sy'n lliw pinc gwan.

Adar ac anifeiliaid

I lawer o bobl, fydd taith i Chubut ddim yn gyflawn heb weld y pengwiniaid. Y lle gorau i'w weld yw ar y Valdés, neu yn Punta Tombo ble bydd miliwn a hanner o'r adar yn yr haf. Yn y ddau le yma, y pengwin *Magellan* a geir ac o'r herwydd nid yw lawn mor ddu a gwyn â'r un yr ydym yn gyfarwydd â'i weld mewn sŵ yma.

Bydd y pengwin yn cyrraedd Chubut ddiwedd Awst, ddechrau Medi a'r peth cyntaf a wna yw cymharu a gwneud tyllau yn y pridd er mwyn dodwy wyau. Unwaith y mae'r pengwin wedi dodwy ei wyau yn y nyth bydd yr iâr a'r ceiliog yn gofalu amdanyn nhw nes iddyn nhw ddeor. Fel rheol bydd dau ŵy a bydd un yn deor ddiwrnod o flaen y llall. Bydd y cyw hwnnw, fel rheol, yn gryfach gan mai'r cyw wrth gefn yw'r ail, rhag ofn i rywbeth ddigwydd i'r cyntaf.

Bydd y pengwiniaid yn cerdded i'r môr i nôl eu bwyd, a gall hwn fod gilomedr i ffwrdd. Fe'u gwelir yn mynd yn rhesi am y traeth o ardal y nythu, sydd ychydig i mewn i'r tir fel na fydd y môr yn mynd i mewn i'r nythod. Pan fo llwybr dyn yn croesi llwybr pengwin, gan y pengwin y mae'r hawl ar y ffordd. Unwaith y bydd y cywion yn ddigon hen, bydd y pengwiniaid i gyd yn mynd i ddyfroedd cynhesach y gogledd.

Ond nid y pengwin yw'r unig aderyn sy'n werth chwilio amdano yn Chubut, gan fod yna lawer o rai eraill na fydd y rhan fwyaf o ymwelwyr yn sylwi arnyn nhw, hyd yn oed. Os mai mewn adar mae eich diddordeb, byddwn yn eich cynghori i gael llyfr fel llyfr adar *Collins* er mwyn cael eu hadnabod yn iawn. Ond hyd yn oed os nad oes gennych chi ddiddordeb ysol ynddyn nhw, gall ambell un dynnu eich sylw oherwydd ei liw neu ei gân

Un digon diddorol o ran lliw a chân yw'r *benteveo*. Mae hwn yn un y byddwch yn sicr o glywed ei gân ac o weld fflach o liw melyn wrth iddo hedfan. Un arall uchel ei gân yw'r cantwr, neu'r *calandria*, ond yn sicr, yr un y byddwch fwyaf ymwybodol ohono yw'r *tero*, neu'r gornchwiglen. Mae cri hwn i'w glywed o'ch cwmpas ym mhobman y tu allan i'r dref.

Efallai y byddwch yn gweld ambell aderyn llai cyfarwydd fel yr *hornero*, neu aderyn y ffwrn, er y byddwch yn debycach o weld ei nyth. Mae hwn yn nyth mawr, crwn, wedi ei wneud o fwd, yn cael ei osod yn uchel mewn coeden. Ei hynodrwydd yw fod iddo ddwy ystafell. Lliw coch y *cardinál* a gwyrdd y parot fydd yn tynnu sylw, ond llonyddwch y dylluan pan fo hi'n eistedd ar bostyn ffens yng ngolau dydd fydd yn eich taro.

Aderyn arall sy'n eistedd ar byst yw'r *carancho*, y barcut glas. Mae hwn a'r *chimango* yn aderyn rheibus y mae tuedd i bobl y Wladfa eu galw'n syml yn farcutiaid! A phan fyddwch yn gyrru ar hyd y ffordd bydd un aderyn, y betrisen, neu'r *martíneta*, yn debygol iawn o groesi'ch llwybr. Mae hwn yn ddigon tebyg i'n petrisen ni ichi ei adnabod yn syth. Y ceiliog sy'n deor yr wyau fydd mewn nyth sy'n ddim mwy na phant yn y ddaear.

Aderyn mwy o lawer, a thrawiadol iawn, yw'r *flamenco* yr ydym ni'n fwy cyfarwydd â'r ffurf fflamingo ar ei enw. Mae hwn, â'i liw gwyn a samwn, i'w weld ar lynnoedd ar y ffordd i'r Andes, ac, yn ddiweddar, ar y llyn yn Nhrelew.

Y mwyaf o'r adar, ac un y bydd pawb yn chwilio amdano wrth groesi'r paith, yw'r estrys. Y *rhea* neu'r *ñandu* yw hwn, math bychan sydd a thri bys ar bob troed. Mae'r estrys yn symud yn gyson i chwilio am fwyd, a phan fo ar ffo gall symud yn hynod o gyflym. Mae'r iâr yn dodwy mewn pant neu dwll yn y ddaear ac yna'n gadael yr wyau i'r ceiliog eu deor. Bydd y ceiliog yn deor wyau mwy nag un iâr yn ei nyth, felly weithiau ceir cymaint ag ugain ŵy ganddo. Ond fydd y cyfan ddim yn deor, wrth gwrs, gan fod y rhain yn boblogaidd iawn fel bwyd i ddyn ac anifail. Dywedir bod un ŵy estrys gymaint a dwsin o wyau ieir.

Mamaliaid

Fel y bydd rhai yn dod i Batagonia i weld pengwiniaid, bydd eraill yn dod i weld y morloi a'r morfilod, ac mae digon o'r rhain yma. Y morlo yw'r mwyaf cyffredin a gellir ei weld y tu allan i Borth Madryn, ond gan ei fod ar y traeth wrth droed y creigiau fyddwch chi ddim yn gallu mynd yn agos ato. Ar adegau bydd un neu ddau ohonyn nhw i'w gweld ar y cei ym Mhorth Rawson.

Mae'r morfil yn fwy anodd ei weld gan fod yn rhaid mynd allan ar y môr i gael golwg iawn arno. Dim ond o fis Ebrill i fis Rhagfyr y bydd y rhain yn y moroedd o gwmpas Madryn, a bryd hynny gall fod hyd at 1500 ohonyn nhw yn nofio bron o fewn cyrraedd y traethau.

Ar y tir, yr anifail mwyaf dieithr i ni fydd y *guanaco*, anifail o'r un teulu â'r *llama*. Fel rheol, gwelir nifer helaeth ohonyn nhw gyda'i gilydd, ond rhaid mynd allan i'r paith er mwyn cael golwg arnyn nhw gan eu bod yn greaduriaid swil. Mae ambell un ar ffarm yn y Dyffryn ond os gwelwch chi un, peidiwch â mynd yn rhy agos ato gan mai ei ffordd o amddiffyn ei hun yw drwy boeri arnoch. Ac mae arogl drwg iawn ar y poer!

Anifail arall y byddwch yn cofio ei arogl unwaith y byddwch wedi ei glywed yw'r *zorrino*, y bydd y Cymry'n ei alw'n ddrewgi neu'n sgync. Welwch chi 'mohono fo, ond byddwch yn gwybod pan fo yn y cyffiniau.

Gwelwch laweroedd o ysgyfarnogod, o gwningod, ac efallai, ambell lwynog. Ond mwy diddorol i ni yw'r anifeiliaid bach dieithr, fel yr *armadillo*, yr *armadillo* bach, sef y *piche*, a'r *tucutuco*, y dwcwdwc. Ond bydd yn rhaid ichi fod yn sydyn i'w gweld gan eu bod yn greaduriaid bach digon swil sy'n cartrefu yn y pridd ac yn hoffi'r gwyll.

Er nad ydyn nhw na phlanhigion nac yn wyllt, mae'n werth edrych ar y sêr yn y Wladfa. Yno, Croes y De sy'n bwysig nid Seren y Gogledd, felly cofiwch chwilio amdani. Bydd awyr y nos yn sicr o'ch synnu gan ei bod mor glir, a'r sêr i'w gweld yn hynod o agos.

Y GAIMAN (4,700)

Os ydych chi'n aros yn Nhrelew mae'n hawdd cyrraedd y Gaiman ar y bws sy'n gadael bron bob awr o'r orsaf (*terminal*). Y 28 de Julio yw enw'r cwmni. Bydd hwn yn eich gadael yn y sgwâr neu'r Plaza, sydd yn fan cychwyn cyfleus iawn i grwydro'r pentref. Mae ambell un o'r bysiau'n mynd drwy'r ffermydd yn hytrach nag ar hyd y briffordd, ac mae hon yn daith fwy diddorol, ac yn werth ei gwneud un ffordd.

Y peth cyntaf fyddwch chi'n ei weld wrth ddisgyn o'r bws yw **cofgolofn Columbus** â'r arysgrif arni mewn pedair iaith, Cymraeg, Sbaeneg, Saesneg ac Eidaleg. O fod â'ch cefn at y bws yn wynebu'r gofgolofn, byddwch yn wynebu hefyd swyddfeydd y cyngor. Yn hytrach na mynd i'r cyfeiriad hwnnw, cadwch i'r dde a dewch at lechen wedi ei gosod yng nghornel y parc, llechen wedi dod o chwarel y Penrhyn, Bethesda, wedi ei cherfio gan R L Gapper, i gofio canmlwyddiant y Wladfa. O'r gornel hon, croeswch at siop fwydydd iach, o'r enw Man Naturiol, sydd yn cael ei chadw gan Gymraes, a chychwyn i fyny ffordd garegog JC Evans. Yno ar y chwith mae **hen dŷ** sy'n agored i'r cyhoedd ac sy'n werth ymweld ag o. Dyma dŷ cyntaf y Gaiman, wedi ei godi gan David Roberts yn 1874, ac ynddo gwelwch y math o ddodrefn fyddai wedi bod ynddo yn y blynyddoedd cynnar.

Dilynwch y ffordd garegog, a dewch i **stryd**

Michael D Jones, neu yr hafn, fel y'i gelwir yn lleol. Yr hen enw lleol oedd Hafn y Gweddwon! O'i chyrraedd, trowch i'r chwith a mynd i'w phen uchaf. Yno ar y chwith mae **Coleg Camwy**, ysgol uwchradd y Gaiman, yr hen ysgol ganolraddol, a agorwyd yn wreiddiol yn y flwyddyn 1906 drwy ymdrechion Eluned Morgan, yn bennaf. Mae'r hen ran o gerrig nadd, ond yn y cefn mae adeiladau mwy newydd o frics. Os ydych yma yn ystod y flwyddyn ysgol gellwch fentro i mewn, gan fod rhai yno, gan gynnwys y brifathrawes bresennol, Luned Vychan Roberts de González, yn siarad Cymraeg, ac yn hapus i dderbyn ymwelwyr os nad yw hi'n rhy brysur arnyn nhw.

Roedd yr ysgol hon, yn ei chyfnod cynnar, yn dysgu Cymraeg, Sbaeneg a Saesneg, ond caeodd ei drysau yn y flwyddyn 1951. Ailagorwyd yr ysgol gan Luned González yn y flwyddyn 1963 ond doedd dim Cymraeg ar y cwricwlwm. Erbyn hyn mae'r rhod wedi troi eto, a dysgir yr iaith o fewn rhaglen yr ysgol.

Yn yr ysgol cewch weld yr ystafell fawr ble mae lluniau Eluned Morgan, Llwyd ap Iwan, a'r ddau brifathro cyntaf, D Rhys Jones ac E T Edmunds. Ac yn y swyddfa fach mae desg a roddwyd yn anrheg i'r ysgol gan David Lloyd George. Yma, hefyd, mae llyfrgell goffa Eluned Morgan gyda'i stôr o lyfrau Cymraeg, hen a newydd.

Wrth adael yr ysgol, croeswch y stryd groes gornel am i fyny a dilyn stryd Bouchard i'r dde, gan

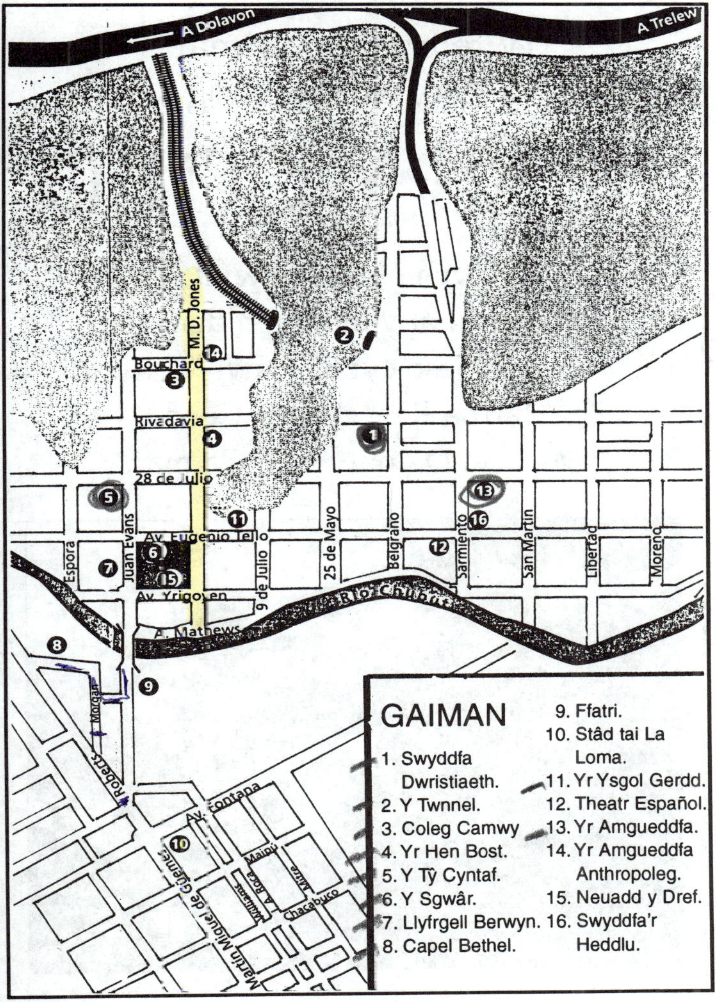
A Dolavon
A Trelew
M. D. Jones
Bouchard
Rivadavia
28 de Julio
Av. Eugenio Tello
Av. Yrigoyen
A. Mathews
Juan Evans
Espora
9 de Julio
25 de Mayo
Belgrano
Sarmiento
San Martin
Libertad
Moreno
Río Chubut
Morgan
Roberts
Av. Fontana
Maipú
Mitre
Chacabuco
GAIMAN
1. Swyddfa Dwristiaeth.
2. Y Twnnel.
3. Coleg Camwy
4. Yr Hen Bost.
5. Y Tŷ Cyntaf.
6. Y Sgwâr.
7. Llyfrgell Berwyn.
8. Capel Bethel.
9. Ffatri.
10. Stâd tai La Loma.
11. Yr Ysgol Gerdd.
12. Theatr Español.
13. Yr Amgueddfa.
14. Yr Amgueddfa Anthropoleg.
15. Neuadd y Dref.
16. Swyddfa'r Heddlu.

ei dilyn wrth iddi droi i'r chwith. Yno, yn eich wynebu, mae hen dŷ deulawr o frics ble mae'r **Amgueddfa Anthropoleg** newydd. (*oriau agor: 2.30 - 18.00*) Mae'r arddangosfa yma wedi ei threfnu'n chwaethus, a bydd y rhannau sy'n ymwneud â'r Cymry a'r Indiaid o ddiddordeb hyd yn oed i'r rhai nad oes ganddyn nhw unrhyw wybodaeth am anthropoleg.

Dewch yn ôl i stryd M D Jones a'i cherdded i'w gwaelod gan sylwi ar yr adeiladau ac amrywiaeth eu pensaernïaeth. Y drws nesaf i'r ysgol mae **Tŷ Camwy**, ble mae'r athrawon sydd wedi mynd allan o Gymru i ddysgu, wedi byw. Hen dŷ brics digon cyntefig yr olwg yw hwn, ac yn gwbl draddodiadol ei gynllun. Ac felly mae hi yn y stryd, tai traddodiadol yn gymysg â'r newydd, ond yr hyn fydd yn tynnu sylw yw'r enwau Cymraeg. Ar y chwith, mae'r Hen Bost, Wancy a'r Davarn Las, ac ar y dde Gwesty Tywi a Siop Bara. Ac er nad oes enw Cymraeg ar ei siop, gellwch gael sgwrs ddifyr gydag Emyr Williams yn ei siop groser ar gornel M D Jones a J C Evans.

Pan gyrhaeddwch waelod y stryd, byddwch yn ôl wrth y parc bach. Yn hytrach na throi, croeswch y stryd a dilyn i gyfeiriad yr afon. Yno, ar y chwith, mae tŷ te **Plas y Coed**, yr hynaf yn y dref. Mae'r hen adeilad a'r ardd o'i flaen yn hynod o ddeniadol. Groes gornel iddo, mae **Tŷ Nain**, a'i debot y tu allan yn denu ymwelwyr. Ond ewch yn eich blaen heb aros am gwpanaid ac fe ddewch at lan yr **afon**

Camwy. Trowch i'r dde, a dewch at y trydydd o'r tai te. Un newydd iawn yw **Tŷ Te Cymraeg**, ond wedi ei godi o frics ar batrwm digon traddodiadol. Wedi mynd heibio iddo bydd y ffordd yn cymryd tro i'r dde, a dyna chi allan yn ymyl pont y Gaiman.

Os ydych chi am groesi'r bont rhaid ichi groesi'r ffordd yn gyntaf, gan na chewch gerdded dros hon. Rhaid ichi gerdded dros y bont grog, neu'r 'hongbont' fel y bydd llawer yno yn ei ddweud, ac mae hon yn siglo weithiau yn y gwynt. Os edrychwch i'r dde yn union ar ôl ei chroesi fe welwch **gapel Bethel** rhwng y coed. Gellwch ei gyrraedd drwy gerdded ar draws y darn tir neu drwy fynd ymlaen a chymryd y ffordd gyntaf i'r dde. Dilynwch honno i'r dde drwy'r amser a dewch at ffos fach a phont drosti ac arni'r arwydd mewn Sbaeneg, Pont y Ddau Gapel. Yno, ar y dde, mae'r giât fawr, y gellir mynd i mewn heibio iddi. Yr adeilad cyntaf wedyn yw'r capel newydd a godwyd yn 1913 i gymryd lle'r hen gapel, sydd wrth ei ochr, ac a godwyd yn 1884. Defnyddir hwnnw bellach fel neuadd bentref yn ogystal ag at weithgareddau perthyn i'r capel.

Ar ôl gweld y tu allan i'r capeli, nad ydyn nhw ar agor ond drwy drefniant, gwell croesi'r bont yn ôl. Y tro hwn, ewch yn eich blaen ar ôl ei chroesi a dewch at adeilad newydd y banc ar y dde a'r post ar y chwith. Ar y chwith, ar ôl mynd heibio i'r post, mae hen adeilad brics, sef **llyfrgell Berwyn**, sydd yn hen adeilad Cwmni'r Ffos. Heibio iddo mae siop fach yn cael ei chadw gan frawd a chwaer, sef Rhirid ac Onen Williams, ac unwaith eto, cewch yma sgwrs yn Gymraeg.

Rydych yn ôl rŵan wrth gornel y tŷ cyntaf. Peidiwch â mynd ar hyd y ffordd gerrig, ond trowch i'r dde ar y brif ffordd, heibio Man Naturiol, y Fferyllfa a siop hufen iâ Gwalia. Bydd y parc ar y dde i chi, ac ar y gornel byddwch unwaith eto wrth y Davarn Las. Dros y ffordd i hon mae **Crefft Werin** sy'n lle da i brynu rhoddion o'r Gaiman.

Canlynwch stryd Eugenio Tello, ac yn yr un sgwâr â Chrefft Werin, ond yr ochr arall i'r stryd, mae adeilad diddorol â feranda o'i flaen. Yma roedd gwesty cyntaf y Gaiman, gwesty, neu hotel, Hugh Pugh. Yma mae **Ysgol Gerdd y Gaiman** yn cyfarfod ac yma y cynhelir ambell gyngerdd a sosial.

Os trowch i'r chwith ddwy sgwâr ar ôl yr ysgol gerdd a mynd ar hyd y ffordd gerrig am ddwy sgwâr, dowch at adeilad bach taclus, newydd, o frics, ar ben bryncyn. Dyma ganolfan y twristiaid, mewn man digon anghyfleus ar gwr y dref. Yma cewch rywfaint o wybodaeth, ond peidiwch â disgwyl gwyrthiau. Yma hefyd mae ambell arddangosfa.

O'r ganolfan, croeswch y stryd, mynd heibio'r fflatiau brics coch, ac i'r ffordd sy'n dod i mewn o Drelew. Trowch i'r dde ac ar y gornel bydd y gampfa fawr, a gyferbyn â hi, hen adeilad gorsaf y trên. Yma mae **amgueddfa'r Gaiman**, ble y cedwir hanes yr Hen Wladfawyr, yn ddillad, dodrefn, lluniau a dogfennau a llawer mwy. *Oriau agor: Haf: 4.00 -*

20.00, Gaeaf: 3.00 - 19.00) Curadur yr amgueddfa yw Tegai Roberts, ac ati hi y byddwch yn mynd os ydych chi, fel y mae llawer, yn chwilio am deulu yma, gan mai hi yw hanesydd y Cymry yn y Wladfa.

Ewch yn ôl at y ganolfan twristiaid, ac edrychwch i fyny'r stryd am agoriad y **twnnel**. Drwy hwn y rhedai'r trên o Fadryn, drwy Drelew, y Gaiman, Dolavon, Ceg y Ffos a hyd at Ddôl y Plu, ond yn y flwyddyn 1961 caewyd y rheilffyrdd. Deil twnnel y Gaiman yn atgof am yr hyn a fu, a hyd heddiw gellir cerdded neu yrru car drwyddo. Mentrwch hi, a dewch allan eto yn ymyl yr amgueddfa anthropoleg.

Mae un peth arall ar ôl i'w weld, ond yn sicr fydd hwn ddim at ddant pawb. Efallai y bydd rhai yn gwirioni arno! Rhyw fath o barc yw hwn, wedi ei greu allan o bopeth wedi ei ailgylchu. Mae ar y ffordd sy'n mynd yn syth drwy'r Gaiman ac am Ddolavon, ac yn ffodus mae modd gweld llawer heb fynd i mewn iddo. Ei enw yw **El Desafío**, (y sialens) ac mae'n costio $5 i fynd i'w weld.

Gwybodaeth Ymarferol

Mae'r banc a swyddfa'r post gyferbyn â'i gilydd ar stryd JC Evans cyn croesi'r bont. Mae yma beiriant 'twll yn y wal'.

Mae yma *locutorio* ond heb gyswllt e-bost, ar Tello, bron gyferbyn â'r orsaf betrol.

GWESTAI

Ar hyn o bryd, dim ond tri sydd, ond mae rhagor ar y gweill.

Unelem *(Eugeio Tello / 9 de Julio, Ffôn / Ffacs: 0054 2965 491663, e-bost:* unelem@arnet.com.ar)

Ystyr y gair Mapuche yw y *cyntaf* neu y *blaenaf*. Dyma'r mwyaf o ddigon o'r gwestai yn y Gaiman. Hen adeilad yw hwn, wedi ei drin a'i foderneiddio ond yn cadw peth o'i hen gymeriad yn y *galería* yn y cefn. Yma mae'r rhan fwyaf o'r ystafelloedd. Pobl o Buenos Aires, heb unrhyw gysylltiad â'r lle sy'n ei gadw a 'dyw'r perchenog ddim yn rhy groesawus.

Pris: (Mae'r pris uwch mewn cromfachau ar gyfer ystafell well.) Sengl $20, dwbl $40 ($50), i dri $50 ($60). Mae brecwast yn y pris.

Mae'r gwesty hwn hefyd yn trefnu teithiau i wahanol rannau o'r dyffryn.

Gwesty Tywi *(M D Jones 342, Ffôn: 0054 2965 491292, y we:*
http://www.advance.com.ar/usuarios/gwestywi
e-bost: gwestywi@infovia.com.ar)

Mae hwn yn fwy o le gwely a brecwast nag o westy. Mae yma ystafelloedd ag ystafell ymolchi preifat ond mewn eraill rhaid rhannu. Os yw sŵn yn effeithio ar eich cwsg gwell ichi nodi hynny wrth holi am le, gan fod sŵn y teledu a'r ffôn yn amharu ar rai. Cymry Cymraeg sy'n ei gadw, y fo o Gymru a hithau o'r Gaiman, ac maen nhw'n barod iawn i helpu mewn unrhyw ffordd. Os ydych yn un sy'n hoffi cael popeth wedi ei drefnu, bydd hwn i'r dim i chi, ond os ydych o natur annibynnol gallech deimlo eu bod yn orawyddus i helpu. Mae Gwyn Jones yn barod i gyfarfod pobl yn y maes awyr yn Nhrelew, ac i drefnu teithiau ar eu cyfer.

Pris: (Mae'r prisiau yn seiliedig ar ddau yn rhannu.) Efo bath preifat, $22, heb fath preifat $18, byncciau $15 yr un. Mae brecwast yn y pris.

Plas y Coed *(M D Jones 123, Ffôn: 0054 2965 491133)*

Mae'r gwesty hwn, sy'n rhan o'r tŷ te, yn adeilad newydd ag iddo ystafelloedd helaeth,wedi eu dodrefnu'n chwaethus, pob un â'i ystafell ymolchi. Mae yma le braf i gael brecwast a balcon ble gellir eistedd yn yr haul. Mae Martha Rees, sy'n ei redeg, yn hynod o gymwynasgar.

Pris: $20, fwy neu lai.

Tŷ Gwyn *(9 de Julio 111, Ffôn 0054 2965 491009, e-bost:* tygwyn@cpsarg.com)

Mae hwn yn rhan o'r tŷ te, ond heb gael ei orffen eto. Y gobaith yw ei agor erbyn diwedd 2000. Bydd yma bedair ystafell ddwbl, pob un a'i hystafell ymolchi. Bydd y prisiau yn sicr o fod yn debyg i weddill rhai'r Gaiman.

Lle arall diddorol i aros ynddo, er nad yw yn y dref, yw

Dan y Coed *(Chacra 203, Ruta 9, y Gaiman, Ffôn: 0054 02965 491280)*

Tŷ ar ffarm yw hwn, ryw 2k y tu allan i'r Gaiman ac o fewn cyrraedd cerdded rhwydd er nad yw'r ffordd yn un ddifyr. Yn y tŷ mae dwy ystafell wely, un â

gwely dwbl ac un â dau wely seng, cegin fawr, ystafell ymolchi ac ystafell fyw, a phob peth sydd ei angen, fel ffwrn, oergell etc. Mae'r ffarm ei hun yn lle dymunol i ymlacio. Er bod lle i bedwar mae'r perchenog yn fodlon gosod i rif llai.
Pris: Y tŷ cyfan, $80 y noson, ystafell ddwbl, $60. Wrth gwrs, does dim brecwast i'w gael gan mai lle hunan arlwyo yw hwn. Mae'n werth trafod prisiau os oes diddordeb gennych, gan ei bod yn fodlon eu gostwng weithiau.

Cwmni Teithio. Os ydych yn awyddus i aros yn y Gaiman ond yn poeni na fydd mor rhwydd mynd a dod, yna gall y gwasanaeth hwn fod o ddiddordeb i chi. Mae'r wraig yn Gymraes ac mae'r gŵr yn dysgu Cymraeg. Maen nhw'n cynnig teithiau o bob math i unrhyw fan, gan gynnwys cludiant i'r maes awyr.
Perchnogion: Armando a Mirna Ferreira. (Ffôn 0054 2965 491094, e-bost: ariannin@infovia.com.ar y we: www.geocities.com/yosemite/geyser/5705/home.html)

BWYTAI

Yr hyn y mae'r Gaiman yn enwog amdano i'r rhan fwyaf o bobl y wlad ei hun yw ei dai te. Ar hyn o bryd mae yna chwech ohonyn nhw, i gyd yn gwneud te Cymreig y gellir ei fwyta ar bron unrhyw awr o'r dydd yn yr haf. Mae'r pris tua'r un faint ym mhobman, o gwmpas $10, ond mewn rhai gellir rhannu te rhwng dau, a chan fod y te yn cynnwys bara cartref, menyn, caws, dau fath o jam, sgons a rhyw chwe math o deisen, mae rhannu yn syniad da. Arfer arall yw rhoi gweddill y teisennod i bobl i'w cymryd adre ond 'dyw pobman ddim yn gwneud hyn.

O ran y bwyd, does fawr o ddewis rhwng te a the, felly dyma eu rhestru gan ddweud ychydig bach am bob un.

Plas y Coed, *M D Jones 123*. Dyma'r hynaf ohonyn nhw. Mae Martha Rees, sy'n ei redeg, yn siarad Sbaeneg, Saesneg, Afrikaans a pheth Cymraeg. Mae'r tŷ a'r ardd yn ddeniadol iawn.

Tŷ Nain, *Yrigoyen 283*. Mae'r tŷ yn ddiddorol oherwydd fod yma ryw fath o amgueddfa fach. Mae'r perchnogion yn siarad Cymraeg.

Tŷ Gwyn, *9 de Julio 111*. Mae hwn yn adeilad gweddol newydd, deulawr, ac ar hyn o bryd mae estyniad yn cael ei godi wrth ei ochr. Mae merch y tŷ a'i gŵr yn medru rhywfaint o Gymraeg a Saesneg.

Tŷ Te Cymraeg, *A Matthews 74*. Dyma'r mwyaf newydd o'r tai. Mae'r adeilad ar lan yr afon er nad oes golygfa oddi yno, ond mae gardd hyfryd yn y cefn. Mae'n dŷ hardd o frics ar batrwm Cymreig ac mae'r celfi a'r llesti yn chwaethus iawn. Mae'r wraig yn siarad Cymraeg.

Tŷ Draw i'r Afon, *J C Evans*. Does dim yn ddeniadol yn y lle ei hun, ond os digwydd ichi fod yno y diwrnod y mae'r perchenog wedi bod yn crasu, cewch de da iawn, a theisen hufen gyda'r orau, gan ei bod yn godro'n ddyddiol ac yn defnyddio hufen tew, ffres at ei gwneud.

Tŷ Te Caerdydd. I gyrraedd hwn rhaid croesi'r afon a cherdded am sbel ar hyd ei glan yr ochr draw nes eich bod gyferbyn â'r rhan o'r Gaiman sydd agosaf at Drelew. Mae tacsi i'w gael yn y plaza ac os nad ydych chi'n hoff o gerdded llwybr cerrig, gwell cymryd un. Lle newydd yw hwn eto, mewn gerddi hardd tu hwnt, ond er bod yr adeilad yn ddymunol, does dim yn Gymreig ynddo fo. Ond os ydych chi'n dymuno dilyn yn ôl troed y Dywysoges Diana, dyma'r lle i fynd gan mai yma y bu hi ar ei hymweliad â'r Gaiman. Cewch weld ei chwpan a'i chadair yno!

Nid te yw'r unig fwyd y gellir ei gael yn y Gaiman. Mae'r un gwesty gweddol o faint hefyd yn gwneud bwyd, sef

Unelem, *Tello / 9 de Julio. Restaurante* yn gwneud ychydig o bopeth yw hwn. Mae modd cael pryd am gyn lleied â $10, ond heb ddiod. Ceir cinio ganol dydd, a phryd nos sydd yn cael ei weini o wyth o'r gloch ymlaen.

Hefyd ceir

Don Denis, *Tello 118. Rotisería* yw hwn, ac un da hefyd. Ceir cig o bob math, pasta a salad am bris rhesymol. Ychydig iawn o Gymraeg sydd gan y perchenog ond mae hi'n gwneud ei gorau. Mae'r lle yn lân a deniadol y tu mewn ond gwyliwch y toiledau!

Gustos, *Tello 156*. Confitería a pizzería.

Gwalia, *Tello 230*. Lle gwerthu hufen iâ yw hwn ond gellir prynu brechdanau a choffi yma hefyd.

El Angel, *M D Jones 591*. (*Ffôn 00 54 2965 491460*) Rwy'n cynnwys y rhif ffôn gan mai dim ond drwy drefniant y gellir bwyta yma. Dyma *restaurante* mwyaf safonol y Gaiman, ond dim ond ar nos Sadwrn mae'n agor. Hefyd, mae ar fin symud i adeilad arall ond heb fod ymhell, sef ar gornel Rivadavia a J C Evans. Dylai hwn fod yn agor, o dan yr un enw, fis Hydref 2000. Mae'r bwyd yma'n dda a diddorol, ond lle i fynd i swpera'n achlysurol yw hwn gan nad yw cyn rhated â'r *rotiserías*. Mae pryd tri chwrs heb win yn costio o $25 i fyny.

Wancy, *M D Jones 267*. Yr un perchnog sydd i hwn ag i'r *Angel*. Mae hwn ar agor bob dydd rhwng deg y bore a hanner nos, a gellir cael rhywbeth yma o gwpaned o goffi i bryd llawn. Gellir cael pryd safonol, dri chwrs, ond heb y gwin, am ryw $12-$15. Mae'r lle'n ddiddorol, yn gymysgfa o dŷ bwyta, siop ac amgueddfa, a'r ferch sy'n gweini, er yn ddi-Gymraeg, yn hynod o hawddgar. Ystyr yr enw yw Owen C., sef enw chwynyn sy'n tyfu hyd y dyffryn ac y mae gŵr o'r enw Owen C Jones yn cael y bai am ei gludo yma o Awstralia.

Y Davarn Las, *M D Jones / Tello*. Er mai tafarn yw hon, ac mai yma y mae'r ifanc yn hoffi ymgynnull yn hwyr iawn yn y nos, mae'n lle da am ddiod o bob math, gan gynnwys coffi, a brechdan grasu.

La Media Luna, *Belgrano*. Tafarn arall, ond lle i yfed a chwarae pwl yn hytrach na lle i fwyta.

Na Petko, *Calle Brown* (sef stryd Tello wrth fynd allan i gyfeiriad Gaiman Newydd). Byddwch naill ai'n ei hoffi neu'n ei wfftio. Hen adeilad llawn hen gelfi ac offer ffarm yn gymysg yw hwn, ac efallai mai camgymeriad yw ei weld am y tro cyntaf yng ngolau dydd. Mae'n bosibl y ceid gwell argraff o'i weld yn y nos yn llawn pobl a miwsig. Mae'n gymysgfa o dafarn a bwyty, ac weithiau ceir asado yno. Mae'n fan ymgynnull i lawer o'r ifanc o Gymru ac o'r Gaiman. Ewch a mwynhau, ond gwyliwch y prisiau, gan fod y rhain yn gallu bod yn anwadal iawn, a gallech gael dipyn o sioc ar ddiwedd y noson

Teithiau:

Yr un yw'r teithiau o'r Gaiman ag o Drelew, ond mae un y mae modd ei gwneud nad yw'n rhan o agenda y cwmnïau twristiaid yn Nhrelew. Gellir trefnu i fynd gydag Armando Ferreira neu Gwyn Jones, ac os oes un daith uwchlaw pob un arall sy'n dangos y Dyffryn ar ei hyd, ac sy'n rhoi golwg ar y gwaith a wnaeth yr Hen Wladfawyr, y daith hon i **Geg y Ffos** yw honno.

Problem fawr y Wladfa yn y blynyddoedd cynnar oedd diffyg dŵr cyson, ac oherwydd hyn methai'r cynhaeaf. Sylweddolwyd y byddai'n rhaid cael ffordd i ddod â dŵr yr afon i bob rhan o'r dyffryn a dechreuwyd cloddio ffosydd i'r perwyl hwnnw. Mae'r stori'n un hir, ond os ewch i Geg y Ffos gwelwch y gwaith a wnaethpwyd, a hynny â chaib a rhaw gan amlaf. Cloddiwyd ffos y ddwy ochr i'r afon o'r man ble mae argae heddiw (nid argae Amhegino) a chodi clawdd ar draws yr afon a dorau i ollwng y dŵr. Mae'r ffosydd hyn yn canlyn yr afon i lawr yr holl ffordd hyd waelod y Dyffryn, i gyfeiriad Rawson ac yna maen nhw'n ymuno unwaith eto â'r afon ac yn gollwng iddi y dŵr sydd dros ben. O'r ddwy brif gamlas, sef Ffos y De a Ffos y Gogledd agorwyd ffosydd llai, a rhai llai wedyn fel bod y dŵr yn gallu cyrraedd pob ardal. Yn ystod y gaeaf mae'r dŵr yn cael ei gau er mwyn glanhau'r ffosydd. Dechreuwyd ar y gwaith yn 1874-75, a thorri ffos 11km o hyd a thair medr o ddyfnder a phedair medr o led, a dyna, fwy neu lai, led a dyfnder y prif ffosydd heddiw.

Heddiw, mae'r ffosydd yr un mor bwysig ag erioed a gwelir y dŵr hyd wyneb y tir yma ac acw wrth i bob ffarmwr yn ei dro ddyfrhau. Gwelir hefyd yr olwyn ddŵr sy'n tywallt y dŵr o'r brif ffos i'r ffos lai sy'n arwain ohoni. I gael y dŵr o honno wedyn i'r ffosydd bach, defnyddir rhaw i symud torlan neu dro arall ceir darn o sinc yn ddôr iddi. Ac o fynd i Geg y Ffos, gwelir yr argae, a'r dorau haearn, y llyn, yr afon a'r ffosydd.

Y Ffermydd

Tuedd pobl wrth ddod i'r Wladfa yw dilyn y briffordd o'r naill dref i'r llall. Golyga hyn nad ydyn nhw'n gweld fawr ddim ar gefn gwlad. Heb gar, neu ffrindiau caredig, mae crwydro'r Dyffryn yn anodd, ond mae mynd ar y bws i Ddolavon, neu ddewis y bws sy'n mynd drwy'r ffermydd wrth fynd rhwng Trelew a'r Gaiman, yn galluogi dyn i weld rhyw ychydig ar yr hyn na ellir ei weld o'r ffordd fawr.

O fynd drwy'r ffermydd, gwelir cartrefi'r Hen Wladfawyr, y cartrefi cwbl Gymreig hynny yr oedd iddyn nhw, gynt, enwau Cymraeg ond sydd erbyn heddiw yn ddim mwy na rhif. Mae rhai ohonyn nhw o frics coch lleol ac eraill o fwd a gwellt, a cheir o hyd ambell un to cawn.

Mewn ambell fan ceir gwaith brics, ac os oes modd, dylech aros i weld y broses. Bydd y mwd yn cael ei gorddi gan hen dractor neu hen gar, a hwnnw'n troi mewn cylch heb neb ar ei gyfyl. Wedyn lunnir brics a'u hadeiladu yn rhyw fath o dŵr fflat a thwneli drwy'r canol. Rhoddir mwd dros y waliau, ac yna gosod tân yn y twneli a'i gadw ynghyn nes fod y brics wedi crasu. A dyma'r brics a ddefnyddir wrth adeiladu yn y Dyffryn.

DOLAVON

Mae'r dref fach yma 18km o Gaiman ar hyd y briffordd rhif 25 sy'n mynd am Esquel, neu gellir mynd iddi ar hyd ffordd y ffermydd, ond rhaid wrth gar i wneud hynny.

Wedi cyrraedd yma, y peth cyntaf fydd yn taro'r ymwelydd yw'r diffyg brys. Dwy brif stryd sydd yma, â llawer o strydoedd llai yn arwain ohonyn nhw, ac fel pob tref arall, mae ar gynllun sgwariau.

Er yr enw, mae Dolavon yn weddol bell o'r afon ond mae'r **ffos** yn rhedeg wrth ochr un o'r prif strydoedd, stryd Roca. Mae hon yn ddeniadol iawn efo'i phontydd a'i holwyn ddŵr ac mae'r dref wedi gofalu cadw'r cyfan yn daclus a phlannu coed a blodau yma.

Os dilynwch y ffos i gyfeiriad y Gaiman, fe ddowch at y capel Cymraeg, **Capel Carmel**, adeilad a brynwyd gan Gymdeithas Felin Flawd Bryn Gwyn yn 1925 a'i addasu'n gapel. Adeilad syml o frics yw hwn ond fydd dim modd mynd i mewn iddo, oni bai fod gwasanaeth ymlaen. Cynhelir hwn unwaith y mis, ar y Sul cyntaf.

Yr adeilad arall y dylid ei weld yw'r **Hen Felin**. Mae hon yn ddigon anodd dod o hyd iddi gan ei bod ar un o'r strydoedd ochr, stryd Maipú, a hyd yma does dim arwydd yn dweud hynny. Os ydych chi'n dod o gyfeiriad y Gaiman, yna trowch i'r dde ar ôl croesi'r bont a chymryd y stryd gyntaf i'r chwith. Bydd y felin ar y dde. Mae modd gweld yr hen olwyn ddŵr a'r amgueddfa fach sydd yn y felin.

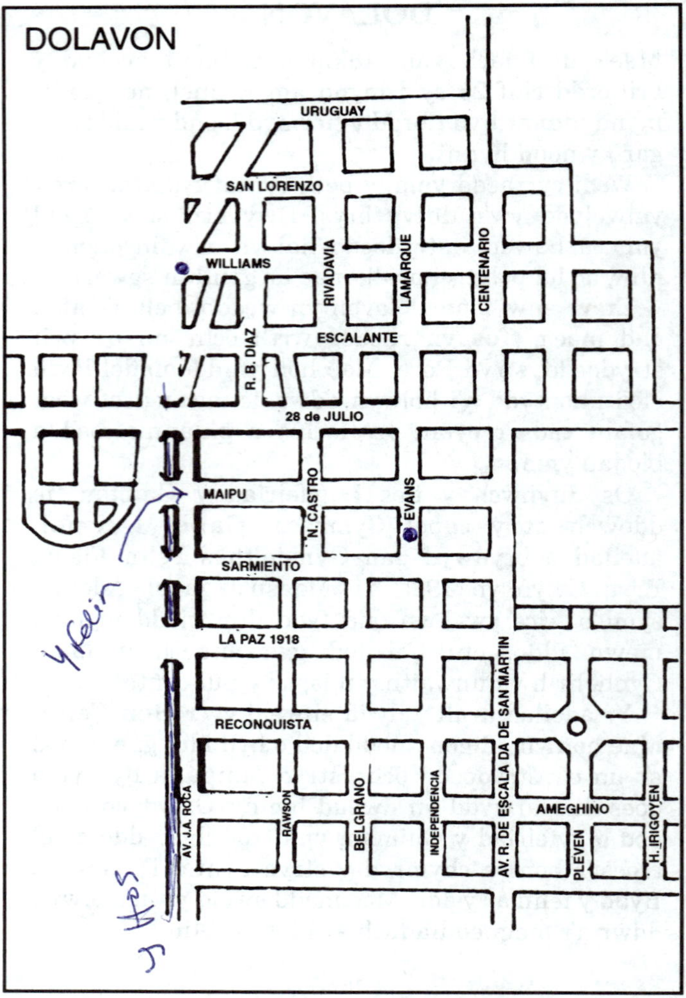
DOLAVON
URUGUAY
SAN LORENZO
WILLIAMS
RIVADAVIA
LAMARQUE
CENTENARIO
ESCALANTE
R. B. DIAZ
28 de JULIO
N. CASTRO
EVANS
MAIPU
SARMIENTO
LA PAZ 1918
RECONQUISTA
AV. J.A. ROCA
RAWSON
BELGRANO
INDEPENDENCIA
AV. R. DE ESCALA DA DE SAN MARTIN
AMEGHINO
PLEVEN
H. IRIGOYEN

CYMRAEG Y WLADFA

Os oes gennych chi ddiddordeb dwfn yn y testun yma, darllenwch y bennod ar yr iaith yn llyfr Dr Gareth Alban Davies, *Tan Tro Nesaf* a'r hyn sydd gan Dr Robert Owen Jones yn ei lyfr *Hir Oes i'r Iaith*. Nid rhoi dadansoddiad manwl yw fy mwriad i ond eich cael i foeli'ch clustiau i rywbeth sy'n ddiddorol.

Bydd iaith y rhai sy'n dal i siarad Cymraeg yn sicr o'ch swyno, gan ei bod yn debyg i'n hiaith ni ond eto'n wahanol mewn rhai ffyrdd. Yn un peth mae'r Sbaeneg wedi dylanwadu ar sŵn yr iaith gan ei gwneud ychydig bach yn fwy trwynol. Hefyd, collwyd y rhaniad de/gogledd a geir yng Nghymru gan fod yr hen wladfawyr wedi dod o wahanol rannau o'r wlad a'r tafodieithoedd wedi ymdoddi wrth iddyn nhw fyw mewn cymunedau clos.

Efallai mai'r hyn sy'n fwyaf diddorol i ni yw'r deunydd gwahanol o eiriau, ac yn hyn eto gwelir dylanwad y Sbaeneg. Yr un peth sydd wedi digwydd yno ag a ddigwyddodd yng Nghymru, sef pethau newydd yn cael eu darganfod heb fod gair Cymraeg yn cael ei fathu ar eu cyfer yn syth. A'r un yw'r pethau hyn yng Nghymru a draw. Am *tights* y soniwn ni, ac am *calsas* y sonnir draw. Yma, defnyddir y gair *hwfer* (*hoover*) ac yno *aspiradora*. Yma mae *fridge* yn air hwylus, ac yno ceir *heladera*. Ac mae llawer rhagor o'r un math.

Geiriau eraill diddorol yw'r rhai sydd wedi

eu Cymreigio o'r Sbaeneg, geiriau fel *litar*, *mitar*, *lîg*, *camp* (am y tir y tu allan i'r Dyffryn ac am y ffarm ar y tir hwnnw), *trŵp* (gyrr o wartheg), *asado, sosio* (socio = partner mewn busnes).

Dro arall bydd ymadrodd neu air yn cael ei gyfieithu o'r Sbaeneg a'i ddefnyddio fel yn yr iaith honno, er nad hynny ei ystyr i ni. Siaredir *trwy'r* ffôn, eir *i fyny* i gar ac *i lawr* ohono. Os mai ar fws y byddwch yn teithio rhaid *tynnu* pas er mwyn cael mynd i *baseando*. Pan fyddwch yn ymweld â rhywun yn ei dŷ fe'ch gwahoddir i *basio* (mynd i mewn) ac os ydych yn cymryd lle dau ar y soffa gofynnir ichi *redeg*, sef symud i fyny.

Dim ond pan fônt yn credu nad yw'r ymwelydd yn deall Sbaeneg mae'r gwladfawyr yn siarad iaith bur. Ar ôl hynny bydd eu brawddegau yn frith o ymadroddion bach Sbaeneg. Ceir pethau fel *quien sabe beth ddigwyddith, capaz y daw o, claro ei fod o.* A peidiwch â synnu os gofynnir ichi os ydych chi wedi *jubilar*! (ymddeol)

Testun rhyfeddod yw'r eirfa gwbl Gymreig sydd gan rai, yn enwedig y rhai hŷn. Clywir o hyd bethau fel *tarddiad* am y fan ble mae dŵr yn dod i'r wyneb, *llwdn, un droed yn y warthol, torlan, wybren*. Ac ochr yn ochr â'r rhain ceir geiriau Saesneg na wyddan nhw mai dyna ydyn nhw, gan iddyn nhw fod erioed yn rhan o'u hiaith. Ymhlith y rhain ceir *north* a *sowth, thenciw, feast, jympio, champion, mashîn* a *nice*.

CROESI'R PAITH

Mae'r daith o Drelew i Esquel yn un hir ond yn un ddifyr, a dylai pawb ei gwneud mewn car neu ar y bws. Mae modd hedfan yno mewn dwy awr, ond wrth wneud hyn bydd yr ymwelydd yn colli golygfeydd ac yn colli adnabod y llwybr a gymerodd yr Hen Wladfawyr pan aethon nhw tua'r Andes i chwilio am diroedd newydd.

Ar ôl ymsefydlu yn y Dyffryn, roedd angen rhagor o dir ar y Cymry, a hwnnw'n dir ffrwythlon, ac felly dyma ddechrau teithio'r wlad i sawl cyfeiriad. Ond, yn y flwyddyn 1885, dyma gyrraedd ardal wrth droed yr Andes a rhoi iddi'r enw Cwm Hyfryd. Yma yr ymsefydlodd rhai teuluoedd a chodi yn eu tro ddwy dref, sef Trevelin ac Esquel. Esquel yw'r fwyaf o'r ddwy ac yma y mae'r rhan fwyaf o'r ymwelwyr yn aros.

Os nad oes gennych chi gar, gellir cyrraedd Cwm Hyfryd yn rhwydd mewn bws. Mae bws yn gadael bob nos o Drelew, ond byddai teithio'r nos yn golygu na welech chi 'mo'r wlad, felly byddai mynd yn ystod y dydd yn llawer gwell. Mae bws *Mar y Valle* yn gadael yr orsaf yn Nhrelew am 8.15 ar fore Llun, Mercher a Gwener, ac mae'r daith yn costio $28.50. Byddwch yn cyrraedd Esquel ymhen wyth awr, ac er bod y bws yn aros yn Rhyd yr Indiaid i chi gael cinio, byddai'n saffach ichi fynd â rhywbeth gyda chi!

Wrth groesi'r paith, efallai y byddwch yn ddigon ffodus i gael cwmni rhywun o'r wlad sy'n gwybod yr hanes. Yn sicr, byddai hyn yn fanteisiol gan fod llawer i'w weld ond gwybod i ble i edrych. Ond o fethu hynny, byddai prynu map cyn mynd yn help. Dilynwch hwnnw'n ofalus a bydd gennych chi syniad o ble yr ydych chi.

Am ran helaeth o'r ffordd bydd llwybr yr hen reilffordd i'w weld, weithiau ar y dde, weithiau ar y chwith. Dyma'r rheilffordd sy'n dechrau ym Madryn ac y bwriedid ei chodi yr holl ffordd i Esquel, ond dim ond cyn belled â Dol y Plu y cyrhaeddodd. Dechreuodd y cyfan yn y flwyddyn 1886, ym Madryn a Threlew, fe'i hagorwyd yn swyddogol yn 1889, a'i chau yn 1961.

Mae un man pwysig na ellir ei weld o'r bws ac nad oes modd mynd iddo heb gar, a hwnnw yw **Dyffryn y Merthyron**. Mae stori John Evans, Baqueano a'i ddihangfa wyrthiol rhag yr Indiaid yn enwog yn hanes y Wladfa. Yn y flwyddyn 1883 aeth pedwar gŵr ifanc o'r Wladfa i gyfeiriad yr Andes i chwilio am aur. Ymosodwyd arnyn nhw yn nyffryn Kelkein gan Indiaid a dim ond John Evans a lwyddodd i ddianc rhagddyn nhw gan i'w geffyl, Malacara, neidio dibyn dair llath o ddyfnder a dringo i fyny'r ochr draw. Yno, yn nyffryn Kelkein, a enwyd wedyn yn Ddyffryn y Merthyron, y codwyd cofgolofn i'r tri arall a laddwyd gan yr Indiaid. Aeth John Evans a'i geffyl i fyw i Drevelin ac yno y gellir gweld bedd Malacara, y ceffyl wyneb hyll.

Mae bedd arall ar y paith, y gellir ei weld yn rhwydd o'r bws, sef **bedd Jack Lewis**, y soniwyd amdano eisoes yn talu dyled capel y Tabernacl,

Trelew. Yma y bu farw, yn y camp, ac yma y claddwyd o, ymhell iawn oddi wrth ei wreiddiau yn yr hen sir Gaernarfon.

Er na fydd bws y dydd yn mynd heibio i'r lle, dylid nodi y gellir mynd mewn car i Esquel drwy **Nant y Pysgod**, ble roedd siop a thŷ gan Gwmni Marchnata'r Camwy. Yma, ar ddechrau'r ganrif, yr oedd Llwyd ap Iwan yn rheolwr, ac yma y cafodd ei saethu'n farw ar y nawfed ar hugain o Ragfyr 1909 gan ddyn, oedd, mae'n debyg, yn perthyn i *banditos* Butch Cassidy a'r Sundance Kid.

Mae pleser i'w gael wrth ddilyn y ffordd o'r Dyffryn i'r Andes, y pleser o wybod mai'r Cymry a'i harloesodd, ac mai enwau Cymraeg a roddwyd ar y mannau sydd bellach mewn Sbaeneg ar y map. Dyma restr ohonyn nhw, gan ddilyn map yr ACA (clwb moduro Ariannin).

Sbaeneg	*Cymraeg*
28 de Julio	Tir Halen
Las Plumas	Dôl y Plu
Valle los Mártires	Dyffryn y Merthyron
Cabeza de Buey	Pen yr Ych
Valle de las Altares	Dyffryn yr Allorau
Paso de Indios	Rhyd yr Indiaid
Cajón de Ginebra Grande	Bocs Gin Mawr
Cajón de Ginerbra Chico	Bocs Gin Bach
Partafuden	Pant y Ffwdan
Arroyo Pescado	Nant y Pysgod
Nahuel Pan	Mynydd Llwyd

Sylwer ar yr enw Pantyffwdan a'r hyn sydd wedi digwydd iddo yn y Sbaeneg. Nid y Saeson yw'r unig rai sy'n gwneud llanast' o enwau Cymraeg!

Os yw'ch amser yn brin, mae modd hedfan o Drelew, ond ar hyn o bryd, dim ond ar ddydd Llun, a hynny efo cwmni *Lade*. Mae'r daith yn costio tua $48. Mae'r maes awyr rhyw ugain munud o daith o Esquel ac fel rheol mae bws perthyn i gwmni teithio yno i gludo pobl i'r dref. Onid oes bws rhaid cael tacsi.

Os ydych chi'n gwneud y daith o chwith, ac yn mynd o Esquel i Drelew, mae'r bws yn dod i lawr ar ddyddiau Mawrth, Iau a Sadwrn a'r awyren ar ddyddiau Mawrth a Gwener.

Efallai mai hedfan o Buenos Aires yn syth i Esquel y byddwch chi, ac os felly bydd yn rhaid ichi holi amseroedd a phrisiau gyda'r cwmni sy'n trefnu'ch taith gan fod y rhain yn newid yn aml.

Hefyd mae modd gwneud y daith o Buenos Aires ar y bws, a hynny heb fynd drwy Drelew. Bydd y bws yn mynd o Buenos Aires i Bariloche ac yno rhaid newid i fws Esquel. Mae hon yn daith ddiddorol er ei bod yn hir.

Nodyn Hanesyddol

Er mai ym 1885 y 'darganfuwyd' Cwm Hyfryd, yn y flwyddyn 1888 y dechreuwyd ymsefydlu yma pan ddaeth rhai dynion i fyny o'r Dyffryn a dechrau codi tai ar y tiroedd a ddyfarnwyd iddyn nhw. Yn y flwyddyn 1891 y cyrhaeddodd y teuluoedd cyntaf.

Oni bai am y Cymry mae'n amheus a fyddai'r

rhan hon o Chubut yn perthyn i Ariannin heddiw. Pan sefydlwyd y ffiniau rhwng Ariannin a Chile fe'i gosodwyd ar ben y mynyddoedd ble y tybid oedd rhaniad y dyfroedd. Yn ddiweddarach sylweddolwyd fod yr afonydd yn rhannu fwy i'r dwyrain na phen y mynyddoedd, ac felly ceisiodd Chile hawlio Cwm Hyfryd. Gan iddynt fethu â chytuno, gofynnwyd i Brydain fod yn ganolwyr ac addawodd y ddwy ochr dderbyn ei dyfarniad. Daeth cynrychiolydd allan a chynnal pleidlais ymhlith pobl Cwm Hyfryd, a hynny yn ysgol rhif 18, heb fod ymhell o Drevelin. Ffafrio Ariannin wnaethon nhw, a dyna fu diwedd y mater.

ESQUEL (23,000)

Beth sydd i'w wneud yn Esquel ar ôl cyrraedd? Cymharol ychydig o ddiddordeb hanesyddol sydd yn y dref. Yr adeilad fydd y Cymry am ei weld, efallai, yw **Capel Seion**, sydd ar stryd Rivadavia rhwng Sarmiento a'r 25 de Mayo. Wrth ochr y capel mae **Tŷ Te y Vestry** (ie, fel yna mae'n cael ei sillafu!) a'r tu ôl iddo mae'r ganolfan newydd ar gyfer y Cymry yn cael ei chodi. Mae'r tŷ te yn cael ei redeg gan Ariel a Martha Hughes, y ddau yn siarad Cymraeg. Mae **Tŷ Te Melys** braidd yn bell o ganol y dref, ar Miguens 346, ac er bod y sawl sy'n ei redeg, Sylvia Austin,o dras Gymreig, 'dyw hi ddim yn siarad Cymraeg. Mae'r bwyd yn y ddau yn werth ei gael.

Atyniad amlycaf Esquel yw'r trên bach, **La**

Trochita, sy'n rhedeg ar gyfer ymwelwyr gan amlaf, er iddi fod yn fodd i gysylltu Esquel â Ingeniero Jacobacci, ac oddi yno, Buenos Aires, ar un adeg. Dyma'r trên a anfarwolwyd gan Paul Theroux yn ei lyfr *The Old Patagonian Express*. Gellir mynd arni cyn belled â gorsaf Nahuelpan, neu Fynydd Llwyd, ond rhaid sicrhau yn lleol pa ddyddiau y mae'n rhedeg. Yn Nahuelpan mae rhai Indiaid brodorol yn gwau defnyddiau i'w gwerthu.

I'r rhai sy'n hoff o gerdded mae mynd i fyny'r **Zeta'n** bosibl gan nad yw'n rhy bell. Gellir cyrraedd gwaelod y ffordd i fyny'r mynydd drwy fynd i ben pellaf stryd Pellegrini. Wrth ddringo, ceir golygfeydd hyfryd o'r dref ac o Gwm Hyfryd, ac wedi cyrraedd pen y mynydd bydd gorffwys wrth ochr y llyn yn braf. Tro braf arall yw cerdded at **y Groes**. Gellir gweld hon ar ben y mynydd i gyfeiriad y maes awyr, ac i'w chyrraedd gwell mynd ar hyd stryd Ameghino, troi i'r dde wrth y Dyn Eira a dal i fynd!

Os mai ar sgïo mae eich bryd, yna yr **Hoya** amdani. A hyd yn oed os yw'n haf, mae'r dyffryn bach yma'n un tlws iawn, ond mae cryn waith cerdded gan ei fod 13km o'r dref. Ond fydd dim rhaid cerdded i ben y mynydd yma gan y cewch eich cario i fyny. Ac ar ôl cyrraedd mae *confitería* derbyniol iawn.

TEITHIAU O ESQUEL

Mae'r rhan fwyaf o'r mannau mwyaf deniadol ar gyfer twristiaid y tu allan i'r dref yn y mynyddoedd

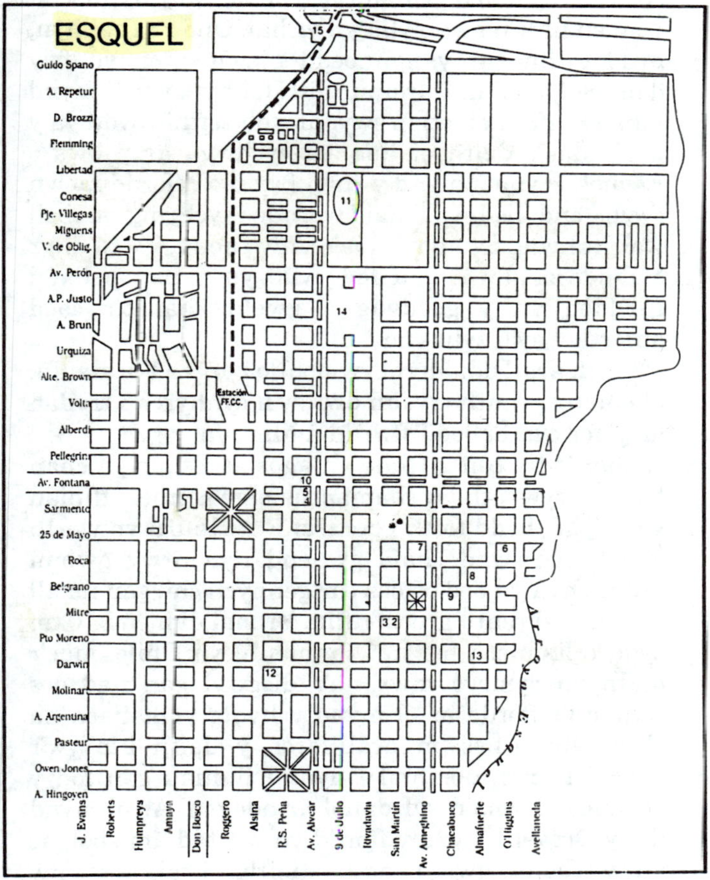

ESQUEL
Guido Spano
A. Repetur
D. Brozzi
Flemming
Libertad
Conesa
Pje. Villegas
Miguens
V. de Oblig.
Av. Perón
A.P. Justo
A. Brun
Urquiza
Alte. Brown
Volta
Alberdi
Pellegrini
Av. Fontana
Sarmiento
25 de Mayo
Roca
Belgrano
Mitre
Pto Moreno
Darwin
Molinari
A. Argentina
Pasteur
Owen Jones
A. Hingoyen
Estación FF.CC.
J. Evans
Roberts
Humpreys
Amaya
Don Bosco
Roggero
Alsina
R.S. Peña
Av. Alvear
9 de Julio
Rivadavia
San Martín
Av. Ameghino
Chacabuco
Almafuerte
O'Higgins
Avellaneda
Arroyo Esquel

ac ardal y llynnoedd. **Parc Cenedlaethol Los Alerces** sy'n denu'r ifanc, ac yno ar lan y llynnoedd y maen nhw'n gwersylla yn yr haf. Ond i'r rhai hŷn, bydd teithio ar y llynnoedd mewn cwch yn fwy deniadol, efallai. I drefnu taith fel hyn, gwell mynd i un o'r nifer helaeth o swyddfeydd teithio sydd yn y dref. Mae'r daith ei hun yn cychwyn ar y bws o Esquel ac yna'n mynd y rhan fwyaf o'r ffordd mewn cwch, ond bod yn rhaid cerdded ychydig ambell waith rhwng dau lyn. Mae'n ddiwrnod hir, ond difyr a diddorol iawn, gan fod cyfle yn y pen pellaf i gerdded yn y goedwig a gweld rhai o'r coed anferthol sy'n tyfu yno.

Taith arall ddiddorol yw honno i argae Futalaufú, ble mae'r gwaith trydan dŵr sy'n cynhyrchu trydan ar gyfer cyn belled i ffwrdd â Madryn.

Gan fod y ffin â Chile yn agos at Esquel, a chan fod yna rywbeth yn rhamantus mewn croesi ffiniau gwledydd, bydd taith i bentref **Futaleufú** yn werth ei gwneud. Ond rhaid gwneud hyn drwy gwmni teithio hyd yn oed os oes car gennych chi, gan na all car wedi ei rentu groesi'r ffin. Er mai dim ond 70km sydd o Esquel i bentref Futaleufú yn Chile, mae'r daith yn cymryd mwy na'r disgwyl gan nad oes wyneb i'r ffordd ar ôl mynd ychydig ymhellach na Threvelin. Rheswm arall dros y daith hir yw'r awydd i aros mor aml i dynnu lluniau gan fod y golygfeydd yma'n syfrdanol ar adegau. Ar ôl mynd drwy Drevelin bydd y ffordd yn wastad am sbel, ac yn y caeau gwelir adar dieithr i ni, o'r enw *bandurria*. Ac mewn un cae ar y dde wrth fynd mae yna estrys. Yn fuan, bydd y ffordd yn dechrau dringo, ac ar y chwith mae rhaeadrau **Nant y Fall**. Y gair Saesneg, fall, sydd yma ac nid y gair Cymraeg *fall*! Gan fod y rhain mor agos ar y ffordd mae'n werth ymweld â nhw.

Ychydig ymhellach ar y chwith mae **Nant Fach**, cartref un o deulu mawr Dalar Evans. Yma mae Vincent Evans, y *gaucho* Cymraeg, yn byw, ac os ydych chi'n ddigon lwcus i'w gael yn y tŷ gallwch brynu strap ar gyfer wats neu het, cortyn i ddal sbectol, neu fotymau, i gyd wedi eu gwneud o rawn ceffyl, a chael sgwrs ddifyr iawn yr un pryd. Ar yr un ffarm mae ei fab, Arnold, yn gwneud caws. Mae'r mab arall, Mervyn, wedi codi melin flawd ar batrwm hen felin, gan wneud y cyfan ei hun allan o bren. Yn y felin, sy'n cael ei gweithio gan nant fach, mae amgueddfa ddiddorol.

Yn y dyffryn ar y dde, bydd yr **Afon Fawr** yn gwmni i chi bron gydol gweddill y daith. Hon ydi **Rio Grande**'r Sbaenwr a **Futaleufú**'r Indiad. Mae ei dyfroedd yn hynod o wyrdd ac yn ôl y sôn, mae'n llawn pysgod, ond mae ei glannau'n gallu bod yn beryglus ar gyfer y dibrofiad o bysgotwr.

Rhaid croesi'r afon hon ar y bont newydd er mwyn cyrraedd y ffin. Yn gyntaf, ar y dde, bydd swyddfa Ariannin, ble ceir stamp ar y pasport i ddweud eich bod yn gadael y wlad, ac ychydig lathenni ymhellach ymlaen, cewch stamp gan swyddfa ffin Chile i ddweud ichi fynd i mewn i'r

wlad honno. **Cofiwch fynd â'ch pasport efo chi, a chofiwch gael y ddau stamp wrth fynd i mewn ac allan o'r ddwy wlad**. Bydd rhai sy'n dymuno aros mwy na thri mis yn Ariannin yn croesi'r ffin fel hyn er mwyn cael y stamp hollbwysig yma, gan mai dim ond am dri mis y gellir aros yn y wlad heb *visa*.

Gall y gwaith ar y ffin gymryd dipyn o amser gan y bydd yn rhaid llenwi ffurflenni, a gall fod llawer yn ceisio croesi yr un pryd, felly cofiwch hyn wrth amseru'r daith. Cofiwch, hefyd, na ellir mynd â bwyd, gan gynnwys ffrwythau, efo chi dros y ffin.

Wedi croesi'r ffin does ond taith rhyw ugain munud ar y mwyaf i bentref **Futaleufú**, ac er nad oes fawr i'w weld yma, mae ambell siop ble gellir stelcian, a phrynu ambell grefftwaith. Mae yma garpedi gwlân hyfryd yn cael eu gwerthu, ond gall eu cario yn ôl i Gymru fod yn broblem. Mae yma ambell le bwyd da, fel **Skorpio** a **Río Grande,** ond cofiwch fod y pentref hwn yn bell oddi wrth y gwasanaethau yn Chile ac mai digon prin yw'r dewis o'r herwydd.

Mae'r ffordd drwy Futaleufú yn mynd yn ei blaen, ymhen hir a hwyr, i dref fach Chaitén, sydd ar lan y Môr Tawel. Mae modd gwneud taith ddeuddydd i Chaitén, ac os oes amser, mae'n hynod o ddiddorol, gan fod yma olion hen afonydd iâ a llosgfynyddoedd.

GWESTAI

Hotel Tehuelche**** (*9 de Julio 831, Ffôn / Ffacs: 0054 2945 452420 / 452421,*
e-bost: tehuelche@teletel.com.ar)
Dyma'r gwesty mwyaf yn y dref. Mae'n perthyn i'r un gadwyn â'r Rayentray yn Nhrelew. Mae'r fynedfa yn ddigon dymunol, gyda'r *confitería* a'r bwyty i'w gweld. Mae'r ystafelloedd yn weddol fawr, ac mae golygfa hyfryd o rai ohonyn nhw. Ond cwyno am y gwasanaeth y mae rhai fu'n aros yma.
Pris: Misoedd ganol haf ac adeg sgio: Sengl $90, Dwbl $110, i dri $140. Gweddill y flwyddyn: Sengl $75, Dwbl $90, i dri $110. Mae'r prisiau yn cynnwys brecwast.

Sol del Sur *** (*9 de Julio 1086, Ffôn / Ffacs: 0054 2945 452427 / 452189,*
e-bost: soldelsur@teletel.com.ar)
Mae hon, hefyd, yn hotel fawr ac unwaith eto mae yna olygfeydd ardderchog o rai o'r ystafelloedd. Yma mae'r *confitería* a'r ystafell fwyta, sydd yn fawr iawn, yn addas ar gyfer partion, ar y trydydd llawr. Mae dau bris i'r ystafelloedd ac mae'r rhai gorau yn helaeth ac yn cynnwys bar mini. Hefyd, mae bath yn ogystal â chawod yn y rhain.
Pris: Sengl $60 ($50), Dwbl $80 ($70). Mae'r prisiau yn cynnwys brecwast.

La Tour d'Argent** (*San Martín 106, Ffôn / Ffacs: 0054 2945 454612,*
y we - http://www.cpatagonia/esq/latour/)
Hotel weddol fechan ynghanol y dref ond gyda'r

rhan fwyaf o'r ystafelloedd yn y cefn. Mae'r rhain wedi eu gwneud o'r newydd yn ddiweddar ac er nad ydyn nhw'n fawr, maen nhw'n daclus a glân. Mae'r *Tour* yn enwog am ei fwyd da, safonol.

Pris: Misoedd ganol haf ac adeg sgio: Sengl $42, Dwbl $60, i dri $75.

Gweddill y flwyddyn: Sengl $30, Dwbl $40, i dri $55.

Esquel***(San Martín 1044, Ffôn: 0054 2945 452534)*

Mae hon yn perthyn i rai sydd o dras Cymreig ac sy'n groesawus iawn. Er nad yw'r ystafelloedd yn fawr, maen nhw'n ddigon dymunol, yn enwedig y rhai sydd wedi cael ail eu gwneud yn ddiweddar. Mae yma *confitería*.

Pris: Misoedd ganol haf ac adeg sgio: Sengl $35, Dwbl $50, i dri $60.

Gweddill y flwyddyn: Sengl $25, Dwbl $35, i dri $50. Mae'r brecwast yn y pris.

Ski***(San Martín 961, Ffôn: 0054 2945 452254/451646)*

Mae hwn yn lle cartrefol ac mae'r rhai sy'n gofalu yn gymwynasgar iawn, ond mae ei safon wedi dirywio yn ddiweddar. Ond am y pris mae'n werth ei ystyried. Mae yma *confitería*.

Pris: Sengl $20, Dwbl $30, i dri $40. Mae brecwast yn ychwanegol.

Maika* *(25 de Mayo a San Martín, Ffôn: 0054 2945 452457)*

Mae'r croeso yn ddigon oeraidd a'r ystafelloedd yn llwm iawn. Mae yma *confitería*.

Pris: Sengl $18, Dwbl $29, i dri $39. Mae brecwast yn ychwanegol.

Los Tulipanes*(Fontana 365, Ffôn: 0054 2945 452748)*

Mae'r ystafelloedd braidd yn fach a chan nad yw yn union yn y canol, dim ond ei bris sydd i'w gymeradwyo.

Prisiau: Sengl $20, Dwbl $40, i dri $50. Mae brecwast yn y pris.

Huemul* *(Alvear 1015, Ffôn: 0054 2945 450817)*

Lle cyffredin iawn, ond mae i bob ystafell ei hystafell molchi, ac mae'r bobl yn ddigon cymwynasgar. Ac mae o'n rhad iawn, â dim ond un pris i bawb. Gan ei fod ar y brif stryd allan o'r dref gall rhai ystafelloedd fod yn swnllyd. Mae yma *confitería*.

Pris: $13 yr un yn cynnwys brecwast.

Huentru Niyeu* *(Chacabuco 606, Ffôn: 0054 2945 452576)*

Mae'r ystafelloedd yn well na'r fynedfa gan fod golwg digon treuliedig ar y fan honno.

Pris: Misoedd ganol haf ac adeg sgio: Sengl $20, Dwbl $30, i dri $40.

Gweddill y flwyddyn: Sengl $15, Dwbl $25, i dri $35. Brecwast yn ychwanegol.

La Posada *(Chacabuco 905, Ffôn: 0054 2945 454095, e-bost:* laposada@teletel.com.ar)

Mae hwn yn cael ei hysbysebu fel lle gwely a brecwast, ond wn i ddim beth yw'r gwahaniaeth rhyngddo â rhai eraill nad oes ganddyn nhw

confitería sy'n agor drwy'r dydd. Mae gwraig y sawl sy'n ei redeg yn siarad Cymraeg, ac mae'r lle yn chwaethus a deniadol, er nad yw'r ystafelloedd yn fawr iawn. Mae'r brecwast yn dda. Mae'r rhai sydd wedi aros yma wedi bod yn fwy na bodlon ar y lle.
Pris: Misoedd ganol haf ac adeg sgio: Sengl $30, Dwbl $40, i dri $50. Gweddill y flwyddyn: Sengl $25, Dwbl $30, i dri $35.
La Chacra. Mae hon ar y ffordd allan am Drevelin, felly'n fwy addas ar gyfer rhai â char. (*Ffôn: 0054 2945 452471/453565*) Cymraes glên iawn sydd biau'r gwesty, a chewch groeso ardderchog ganddi a sylw personol gan mai lle bychan ydyw.
Pris: (Rhoddir y pris am yr adeg drutaf mewn cromfachau.) Sengl $25 (30), Dwbl $40 (50), i dri $50 (60).

BWYTAI

Mae digon o'r rhain yn Esquel, ond y broblem yw eu bod yn newid yn weddol aml. Fodd bynnag, dyma restr fer o rai sydd wedi plesio yn ddiweddar.
La Tour d'Argent, *S. Martín 1063*. Mae hwn yn hen fwyty safonol sy'n rhan o'r gwesty. Dyma un o'r rhai mwyaf poblogaidd gyda phobl y lle am fod ei safon yn gyson.
Cassis, *Sarmiento 130*. Bwyty diddorol, creadigol, a rhywbeth ychydig yn wahanol ynddo fo.
Vascongada, *9 de Julio* a *Mitre*. Un arall sydd yma ers blynyddoedd ac sy'n dal i gadw ei gwsmeriaid.
La Española, *Rivadavia 740*. *Parrilla* da.

La Barra, *Sarmiento 638. Parrilla* sydd yn llawer gwell na'i olwg.
Don Pipo, *Fontana 649. Pizzeria* mawr, newydd â pizzas da, amrywiol iawn.
Los Tone, *San Martín / Sarmiento*. Bwyty yn arbenigo mewn pasta a pizza.
Todo, *25 de Mayo, rhwng S. Martín ac Ameghino*. Bwyty newydd ble y ceir tri chwrs am $9. Mae yma ychydig o fwyd sy'n ddwyreiniol ei naws.
El Viejo Obelisco, *Rivadavia 920. Pizzería* ardderchog ble mae'r bwyd a'r gwasanaeth yn dda.
Fitzroya, *Rivadavia 1050. Pizzería* sy'n boblogaidd iawn gyda chôr Seion, Esquel. Petaech chi yma ar y

noson y mae'r côr yn ymarfer, gallech gael sgwrs yn Gymraeg â rhai o'r aelodau.

Bar Argentino, *25 de Mayo 834*. Bar diddorol â llawer o hen bethau hyd y waliau, ac awyrgylch gyfeillgar. Dyma le y dylai'r ifanc fynd iddo ryw noson, yn enwedig o ystyried fod modd dysgu sut i ddawnsio'r tango yma!

Gwybodaeth Ymarferol

Mae yma'r dewis arferol o fanciau, ond gwell peidio â thrafferthu i geisio newid sieciau teithio. Os nad oes arian gennych chi, defnyddiwch y peiriant.

Mae'r post ar stryd Alvear, rhif 1192, ac ychydig yn is i lawr i gyfeiriad Trevelin, mae'r swyddfa dwristiaid, sydd yn barod iawn eu cymwynas.

Erbyn hyn mae yna sawl lle anfon e-bost, yn cynnwys PC Master (*Rivadavia* a *Mitre*), Datasur (*S. Martín a 25 de Mayo)*, Estación de Servicio Shell (*Alvear a 25 de Mayo*), Open System (*9 de Julio 1041*) a Telefónica Argentina (*San Martín 863*). Yn y bore'n unig y mae hwn ar agor, ond gellir cael awr am ddim yma. Gwell trefnu ymlaen.

Mae yma lawer o gwmnïau teithio, ac yn eu plith mae **Esquel Tours** yn *Fontana 754* a **Patagonia Verde** yn *9 de Julio 926*.

TREVELIN (4,400)

Dim ond 25km sydd o Esquel i Drevelin ac mae bws yn mynd yno bob awr yn ystod dyddiau'r wythnos ond yn llai aml fwrw'r Sul ac ar ddydd gŵyl. Erbyn y bydd y llyfr yma o'r wasg mae'n siŵr y bydd gorsaf bws newydd Esquel wedi agor, ar stryd Alvear. Y peth gorau i'w wneud yw disgyn wrth y cylchdro mawr ar y ffordd i mewn i Drevelin a cherdded oddi yno i weld **tŷ John Evans, bedd Malacara a'r felin**, cyn mynd i mewn i'r pentref ei hun.

Dyma'r felin a roes enw i'r pentref ac fe'i codwyd yn y flwyddyn 1918. (*oriau agor: 11.00 - 21.00 Tachwedd i Fawrth, 11.00 -18.30 weddill y flwyddyn*) Dyma amgueddfa'r pentref ble ceir dodrefn, dillad ac offer o bob math oedd yn perthyn i'r teuluoedd cyntaf i fyw yn yr ardal hon. Yr un John Evans ag a gafodd y ddihangfa wyrthiol yn Nyffryn y Merthyron oedd yn gyfrifol am sefydlu'r felin gyntaf yn Nhrevelin, a thaith fer sydd o'r felin i'w gartref. Bydd y daith yn peri ichi sylweddoli mor wledig yw Trevelin, gan fod yma goed a blodau a sŵn adar yn canu.

Mae dau beth gwerth sylwi arnyn nhw ar ôl cyrraedd y darn tir ble claddwyd Malacara. Y cyntaf yw'r bedd ei hun, sydd yn garreg anferth ag arysgrif arni mewn Sbaeneg sy'n dweud: *Yma y gorwedd gweddillion fy ngheffyl, Malacara, achubodd fy mywyd yn ystod ymosodiad yr Indiaid yn Nyffryn y Merthyron y 4/3/84 wrth imi ddod yn fy ôl o'r*

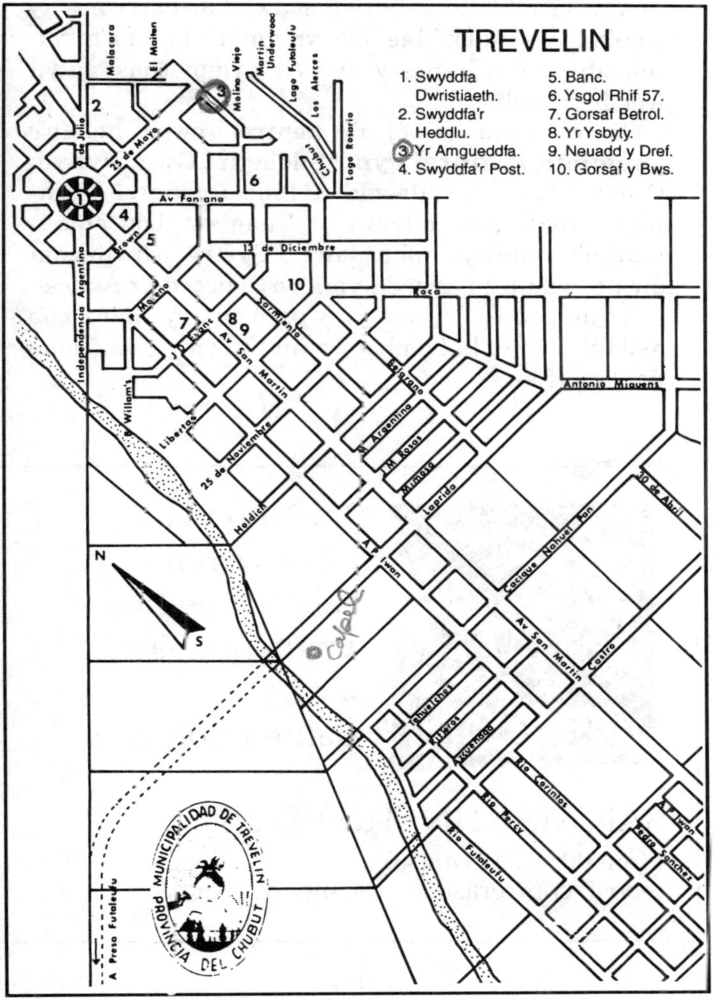
TREVELIN
1. Swyddfa Dwristiaeth.
2. Swyddfa'r Heddlu.
3. Yr Amgueddfa.
4. Swyddfa'r Post.
5. Banc.
6. Ysgol Rhif 57.
7. Gorsaf Betrol.
8. Yr Ysbyty.
9. Neuadd y Dref.
10. Gorsaf y Bws.
Malacara
El Maiten
Molino Viejo
Martin Underwood
Lago Futaleufu
Los Alerces
Chubut
Lago Rosario
25 de Mayo
9 de Julio
Av Fontana
13 de Diciembre
Brown
Independencia Argentina
Roca
Sarmiento
Av San Martin
Belgrano
Antonio Miguens
Libertad
25 de Noviembre
Holdich
Argentina
J M Rosas
Mimosa
Laprida
A P Iwan
30 de Abril
Cacique Nahuel Pan
Av San Martin
Castro
Tehuelches
Killeros
Azcuenaga
Rio Corintos
Rio Percy
Rio Futaleufu
A P Iwan
Pedro Sanchez
A Presa Futaleufu
N
S
MUNICIPALIDAD DE TREVELIN
PROVINCIA DEL CHUBUT

Andes. Yr ail beth yw'r tŷ a godwyd ar batrwm y tŷ y bu'n byw ynddo. Mae hwn yn amgueddfa fach sy'n cofnodi peth o hanes y dyn a'r gymdeithas, ac yn werth ymweliad.

Ar y ffordd yn ôl i'r pentref, ewch heibio'r **gofgolofn i'r fintai gyntaf** ddaeth i Gwm Hyfryd. Codwyd hon yn y flwyddyn 1935 i gofio 25 Tachwedd 1885 pan ddaeth y Rhaglaw Fontana a mintai'n cynnwys nifer mawr o Gymry i chwilio am dir newydd a chyrraedd yma wrth droed yr Andes.

Yr un pen i'r pentref, yn y parc ar y cylchdro, bob dydd Sul yn yr haf a phob yn ail Sul yn y gaeaf, mae ffair grefftau.

Rhaid cerdded prif stryd Trevelin er mwyn gweld yr adeilad arall sydd o ddiddordeb i'r Cymry, sef y capel. Codwyd **Capel Bethel**, sydd ar fryncyn isel i'r dde o'r ffordd wrth adael y pentref i gyfeiriad y ffin â Chile, yn y flwyddyn 1910. Y ffordd orau i'w gyrraedd yw mynd i lawr stryd Laprida, ond oni bai eich bod wedi trefnu ymlaen llaw, neu eich bod yn ffodus, fydd dim modd mynd i mewn iddo. Bu ynghau am flynyddoedd, ond yn ddiweddar fe'i atgyweiriwyd a chynhelir gwasanaeth yma'n achlysurol ar brynhawn Sadwrn. Erbyn hyn mae'r tŷ capel yn gartref i'r athrawon Cymraeg ddaw allan o Gymru yn flynyddol.

Mae **mynwent Trevelin** yn weddol agos at y dref. Wrth ddod o'r capel, ewch yn ôl i stryd Laprida a chroesi'r ffordd fawr. Dilynwch y ffordd sy'n cadw i'r dde yn y fforch a dowch at y fynwent. (gweler yr adran ar fynwentydd) Ewch ymlaen o'r fforch a dilyn y ffordd at y fforch nesaf. Trowch i'r dde yno ac ar y dde ymhen ychydig fe welwch ysgol rhif 18. Dyma'r ysgol ble cynhaliwyd y bleidlais i benderfynu i ba wlad y perthynai'r ardal yma. (Gweler tud. 174). Mae'r murluniau y tu allan yn werth eu gweld, a gellir mynd i mewn atyn nhw wrth fynd drwy'r ffens.

Mae digon o deithiau cerdded y gellir eu gwneud o Drevelin ond mae angen diwrnod cyfan ar lawer. Mae cerdded i **Nant y Fall**, sydd ar y ffordd am Chile, yn cymryd rhyw saith awr ac felly hefyd y dro i **Lyn Bagillt** a **Llyn y Tarw**. I wneud y ddau olaf rhaid wrth gwmni rhywun sy'n adnabod y ffordd. Yn nes at y pentref, mae **Llyn Brychan**, sydd mewn ardal braf iawn uwchben y pentref a'r tu ôl iddo. Mae'n werth mynd yno, ond unwaith eto gwell holi am y ffordd.

GWESTAI

Residencial Estefania (*Perito Moreno a 13 de Diciembre, Ffôn: 0054 2945 4801 48*) Gwesty syml, sgwâr o'r stryd fawr. Mae'r ystafelloedd yn fach ond yn lân.

Pris: Sengl $16, Dwbl $24, i dri $30 heb frecwast. Mae hwnnw'n costio $3.50.

Casaverde Hostel (*Los Alerces, Ffôn/Ffacs: 0054 2945 480091, y we: www.hostels.org.ar, e-bost:* trevelin@hostels.org.ar). Mae dipyn o dynnu i fyny i gyrraedd y fan hyn, ond yn sicr, mae'n werth yr ymdrech er mwyn y golygfeydd ardderchog a geir oddi yno. Mae'n lle syml, wedi ei godi o foncyffion coed, ond mae'n ddiddorol iawn a'r bobl sy'n ei gadw yn hynod o groesawus. Er ei fod yn perthyn i'r Hosteli Ieuenctid Rhyngwladol does dim rhaid bod yn aelod i aros yma, ond os ydych chi, bydd yn rhatach o ryw ychydig. Mae croeso i ddefnyddio'r gegin i goginio a golchi. Bydd yn pris yn amrywio yn ôl faint fydd yn yr ystafell ac yn ôl y tymor, ond bydd o gwmpas $12 yr un y noson.

Cabañas Oregón (*San Martín a Laprida, Ffôn: 0054 2945 480408,*
e-bost: contreraso@cybersnet.com.ar)
Mae'r rhain yn gabanau gwyliau hyfryd iawn wedi eu gosod mewn parc yn llawn coed ffrwythau. Mae popeth angenrheidiol i'w gael ynddyn nhw, yn cynnwys morwyn! Ac os nad oes arnoch chi awydd coginio, mae yna *parilla* yn rhan o'r lle. Mae lle i hyd at bump yn y cabanau. Os nad yw'ch Sbaeneg yn dda iawn, peidiwch â phoeni dim, mae yma ddwy wraig sy'n siarad Cymraeg.
Pris: Dwbl $40, i dri $50, i bedwar $60.

BWYTAI

Oregón, *San Martín a Laprida. Parrilla* da iawn lle gellir cael pryd llawn neu *picada* sy'n amrywiol ac yn ddiddorol. Maen nhw'n arbenigo mewn bwydydd lleol.

Estefanía, *Perito Morena* a *13 de Diciembre. Restaurante* yn perthyn i'r gwesty yw hwn, yn gwerthu'r math o fwyd y byddech yn disgwyl ei gael mewn lle o'r fath, yn gig, pysgod a pasta.

Rucalaufcen, *San Martín* a *Libertad*. *Parrilla* arall yw hwn, lle ceir yr amrywiaeth arferol o gig. Mae'n lle cyfleus sydd heb fod yn rhy ddrud.

Pizzería Küimi- Ruca, *28 de Julio.* Mae hwn gyferbyn â'r plaza ac yn lle da am damaid sydyn.

Mae yma, hefyd, ddau dŷ te y gellir eu cymeradwy:

Nain Maggie, *Perito Moreno 179*. Cewch de ardderchog yma a gwasanaeth da iawn. Yma mae'r sgons gorau i'w cael! Mae'r ystafell yn ddeniadol a chyfforddus, a digon o le rhwng y byrddau.
La Mutisia, *Avenida San Martín 170*. Efallai nad yw hwn lawn mor ddeniadol, ond mae'r te yn iawn a phopeth wedi ei wneud gartref.

MYNWENTYDD Y WLADFA

Er bod hyn yn ymddangos yn od, un o'r pleserau o ddod i'r Wladfa yw crwydro'r mynwentydd! Yma y ceir arysgrifau Cymraeg, a'r rheini weithiau wedi eu cerfio ar lechi o Gymru. Bydd y tebygrwydd rhwng y beddi yma a gartref yn sicr o daro'r ymwelydd.

Yn anffodus, mae cyrraedd y fynwent mewn ambell le yn anodd gan eu bod bron yn ddieithriad ar gyrion y trefi, ond mae'n werth gwneud yr ymdrech. Yr unig rai anghysbell yn y Dyffryn yw mynwentydd Moriah a Thir Halen. A chan fod mynwent Moriah ynghlwm â'r capel a chan fod y gât yn cael ei chloi, rhaid mynd ar ôl pedwar y prynhawn pan fo'r gofalwr yno.

Mynwent Moriah
Yma y claddwyd y rhan fwyaf o'r Hen Wladfawyr, gan gynnwys Lewis Jones a'i wraig ac Abraham Matthews. Fe'i hagorwyd yn y flwyddyn 1881, flwyddyn ar ôl agor y capel. Gwyddom hynny oherwydd yr arysgrif

ar fedd Mary Ann, gwraig Edwin Clarke Roberts, fu farw yn y flwyddyn honno.

Myvi yw'r gyntav un mewn oed
A roed i'r gladdva hon.
Mewn arch o goed rhwng muriau'r bedd
Rwy'n gorwedd ger eich bron.

Yn anffodus, mae llawer o'r beddau wedi eu dinistrio gan y tywydd a fandaliaid ond erys digon i wneud ymweld â hon yn hanfod i'r sawl sydd â diddordeb yn hanes y Wladfa.

Y ffordd orau i gyrraedd y fynwent yw mewn tacsi, gan ei bod yn weddol bell o'r dref, mewn ardal oedd yn gwbl ar wahân i Drelew ar un adeg ond sydd bellach, oherwydd yr holl adeiladu, yn un â'r dref. Mae'r mosgitos yn brathu yma, felly gofalwch warchod rhagddyn nhw.

Mynwent Trelew

Mae hon ar y bryn y tu allan i'r dref ond o fewn cyrraedd cerdded. Yn wir, mae cerdded yma yn bleser gan fod y ffordd yn mynd heibio i'r llyn ac yna'n dringo'r bryn ar y dde. O ben y bryn ceir golwg anarferol o'r dref.

Agorwyd y fynwent yn 1901. Ar fedd Edith Coslett Thomas ceir y geiriau

Y gyntaf a gladdwyd yn y fynwent hon

a'r dyddiad. Roedd hyn 15 mlynedd wedi sefydlu'r dref. Cyn hynny, claddwyd ym mynwent Moriah. Mae'r rhan fwyaf o'r Cymry wedi eu claddu ar ochr chwith y llwybr wrth fynd i mewn i'r fynwent ond ceir beddau eraill diddorol yma ac acw.

Y Gaiman

Dyma ble ceir y casgliad gorau o arysgrifau Cymraeg, rhai ohonyn nhw'n ddiddorol iawn. Ac mae'r gwaith a wnaed ar y llythrennu yn gywrain iawn mewn rhai achosion. Chwiliwch am gerrig a gerfiwyd gan H E Bowman a'r brodyr D J ac E J Evans. Mae yma, fel yn y mynwentydd eraill, doreth o englynion ac ambell bennill diddorol fel

Teithiwn i ddoe fel tithau - i edrych
Ysgrif- adrodd beddau,
Ti a fydd ar ddydd neu ddau
Yn y fynwent fel finnau.

Yma y claddwyd Eluned Morgan ac ar ei bedd ceir yn syml

Eluned Morgan Jones
1870 1938
"Huna, huna, blentyn Iesu."

Mae'r bedd hwn yn y rhes gyntaf ar y chwith, heb fod ymhell o'r llwybr, ond mae'n fuddiol cerdded hen ran y fynwent drwyddi gan fod cymaint o bobl gyffredin anghyffredin wedi eu claddu yma.

I gyrraedd y fynwent, sydd o fewn cyrraedd cerdded, rhaid dilyn y ffordd heibio i'r amgueddfa a dal ymlaen am sbel gan ddringo'r bryn ar y chwith ym mhen draw'r ffordd. Peidiwch â mynd ar brynhawn o haul poeth, gan ei bod yn gallu bod yn grasboeth yma, a gofalwch roi digon o hylif rhag y mosgitos.

Y tu allan i'r Gaiman, ar y dde ar y ffordd

am Ddolavon, mae hen fynwent sydd wedi ei chwalu bron yn llwyr, ond erys ambell garreg fedd yma ac acw, ac ar un ceir englyn i wraig fu farw wythnos ar ôl priodi.

Dolavon

Mae'r fynwent hon ar y chwith ar y ffordd i mewn i'r dref wrth ddod ar hyd y briffordd o'r Gaiman. Dyma fynwent weddol fechan â choed hyfryd o'i chwmpas.

Yma y claddwyd un o feirdd enwocaf y Wladfa, Glan Caeron, neu William H Hughes ac ar ei fedd ceir englyn gan Iâl, un arall o'r prif feirdd. Yma hefyd mae bedd Thomas Morgan, bardd a luniodd ei feddargraff ei hun.

Tir Halen

Dyma'r fwyaf anghysbell o ddigon o fynwentydd y Wladfa, a go brin y gellwch fynd iddi oni bai y bydd rhywun caredig yn barod i fynd â chi. Os dilynwch y llwybr o Ddolavon am Casa Amarilla, fe'i gwelwch ar y bryn ar y chwith, ond mae'n rhy bell i gerdded iddi.

Mae hon eto'n fynwent â wal uchel o'i hamgylch a choed tal yma ac acw. Yn anffodus, mae'r gwynt a'r glaw wedi chwalu llawer bedd, a dirywio mae'r cyfan o flwyddyn i flwyddyn. Mae'r gwaith ar y cerrig yn fwy amrwd yma, a'r englynion wedi eu sgrifennu'n anghywir yn aml, ond mae yma ambell stori ddiddorol ynghudd yn yr arysgrifau, fel honno am Jeremiah Jeffreys fu farw "trwy gael ei daraw gan fellten pan yn dilyn ei orchwyl yn y maes" ac am Cuhelyn Owen (daw'r enw dieithr o bentref Llannerchymedd, Ynys Môn) gafodd ddamwain angheuol.

Dwy fynwent sydd yn yr Andes, un Esquel ac un Trevelin. Yn anffodus, mae Esquel wedi bod yn codi rhai o'r beddau a'r cerrig oedd arnyn nhw i wneud lle i gyrff eraill, ac felly collwyd sawl arysgrif Gymraeg.

Esquel

Gan fod y fynwent dipyn o ffordd o'r dref i gyfeiriad y Dyffryn (os ewch o Drelew i Esquel ar y bws, byddwch yn ei gweld ar y dde, ynghanol coed, wedi croesi lein y trên bach) gwell cymryd tacsi os ydych am ymweld â hi.

Yma y claddwyd un o wŷr enwocaf y Wladfa, sef Llwyd ap Iwan. Yn anffodus, i lawer mae'n enwog am iddo gael ei ladd gan un o griw Butch Cassidy, ond mae'r rhai sy'n gyfarwydd â hanes y Wladfa yn gwybod am ei waith fel peiriannydd, mapiwr ac arloeswr. Mae'n werth ymweld â'i fedd a darllen yr ysgrif dair ieithog sydd arno. Rhaid chwilio'n ddyfal am yr arysgrifau Cymraeg yma gan mai prin ydyn nhw.

Trevelin

Mae'r fynwent hon eto ychydig y tu allan i'r dref, ond gellir cerdded yno gyda thipyn o ymdrech! Rhaid dilyn drwy Drevelin i gyfeiriad Chile a throi i'r chwith i lawr stryd Laprida, a phan fo'r ffordd yn fforchio, dilyn y ffordd i'w dde. O'r llwybr hwn ceir golwg ardderchog ar fynyddoedd yr Andes, gan gynnwys Gorsedd y Cwmwl, y mynydd a anfarwolwyd gan Eluned Morgan yn ei llyfr *Dringo'r Andes*.

Cymharol ychydig o benillion gwreiddiol sydd yn y fynwent hon. Un o'r ychydig, ac efallai, y mwyaf diddorol, yw honno o'i waith ei hun ar fedd Llywelyn Jones

"Yr hwn a foddodd wrth groesi yr Abercyrens
Mai 30ain 1899
Yn 33 mlwydd oed."

LLEDU GORWELION

Mae Ariannin yn wlad fawr iawn ag iddi amrywiaeth eithriadol o dirwedd a phobl, ond mae tuedd i ymwelwyr ganolbwyntio ar rai mannau, naill ai am mai dyna'r rhai sy'n hawdd cyrraedd atyn nhw neu am eu bod yn fannau enwog am eu harddwch neu eu hanes.

Dau le nad ydyn nhw, fel rheol, ar restr ymwelwyr, yw **Comodoro Rivadavia** a **Colonia Sarmiento**, sy'n cael eu hadnabod yn lleol fel Comodoro a Sarmiento. Mae'r rhain o ddiddordeb am fod y Cymry wedi mynd yno a bod eu teuluoedd yn dal i fyw yno.

Mae'n ddigon hawdd cyrraedd Comodoro ar fws o Drelew. Bydd y daith yn cymryd rhyw bedair awr. Neu gellir mynd mewn awyren gydag Aerolíneas Argentinas neu Lade. Mae bws wedyn o Comodoro i

Sarmiento, a gellir mynd a dod i fan honno mewn diwrnod.

Comodoro yw'r fwyaf o ddigon o'r ddwy dref, efo poblogaeth o tua 150,000. Y ffaith fod yma olew sydd wedi gwneud hon yn dref mor fawr a phwysig. Ond rywfodd nid yw'n ddiwydiannol yn yr ystyr fod dyn yn or-ymwybodol o'r diwydiant, ac os oes gennych chi ddigon o amser mae'n werth mynd am dro yma. Mae yma westai o safon uwch nag a geir fel arfer ym Mhatagonia, a gellir cymeradwyo yr ***Hotel Austral***, *Rivadavia 190, Ffôn: 0054 297 472200*, os ydych chi am ychydig o foethusrwydd. (*Pris:* rhwng $50 a $100.) Ond os mai chwilio am le rhad ydych chi, ewch i'r Hotel Comercio, Rivadavia 341, Ffôn: 0054 297 472341.(Pris: $ 15, yn rhannu bath). Mae digon o westai i'w cael rhwng y ddau bris yma.

Does dim lle i wersylla yn Comodoro ond mae lle yn **Rada Tilly**, lle glan y môr braf, ond gwyntog, ryw 15km i'r de.

Aeth y Cymry cyntaf i **Sarmiento** yn 1898 ac er mai ychydig o'u hôl sydd yno heddiw mae'r diddordeb yn y Gymraeg yn dal yn fyw a rhai yn awyddus i fynd ati i'w dysgu.

Mae yma **amgueddfa** dda iawn yn Sarmiento, sy'n dref fach o ryw 7,000, ac mae'r curadur, Caroli Williams yn arlunydd diddorol iawn. Mae o'n Gymro o ran gwaed a chanddo ddiddordeb mawr mewn arlunio hanes cynnar y Cymry yn y Wladfa.

Mae'r daith o Comodoro i Sarmiento, 156km i'r

gorllewin, yn cymryd rhyw ddwy awr efo car, ac mae'n hynod o ddiddorol oherwydd y gwaith olew a lliw y dirwedd. Rhyw 32km i'r de o Sarmiento mae coedwig wedi caregu, ond nid yw'n hawdd cyrraedd yno heb gar.

PERITO MORENO

Dyma, yn sicr, un o ryfeddodau'r wlad ac mae wedi ei ddynodi'n safle treftadaeth gan UNESCO. Hyd yn ddiweddar, roedd y rhewlif anferth hwn yn dal i dyfu ond wrth i'r ddaear gynhesu mae bellach wedi arafu, neu beidio'n llwyr. Mae'n mesur tua 5km ar draws a 60m o uchder ac mae darnau anferth o'r rhew yn torri'n rhydd ac yn disgyn i'r dŵr gan wneud sŵn fel taran. Mae sefyll ar y rhodfeydd yn gwylio'r cyfan yn brofiad bythgofiadwy. A bydd glas y rhew yn aros yn hir yn y cof.

Mae'n werth mynd yn y cwch moethus ar lyn Argentino i weld rhewlif Upsala. Byddwch bron yn ddigon agos ato i'w gyffwrdd.

Y dref agosaf at y rhewlif yw **El Calafate**, sydd weithiau'n cael ei rhestru mewn llyfrau teithio o dan E ac weithiau o dan C. Tref o ryw 4000 yw hon, y peth tebycaf welsoch chi i dre cowboi. Ond mae yma ddigon o westai a bwytai, a'r rheini'n dda, ond braidd yn ddrud yn y cyfnod rhwng Tachwedd a Mawrth. Gall fod yn llawn iawn yn ystod Ionawr a Chwefror, felly gwell trefnu ymlaen llaw.

Gellir cyrraedd El Calafate drwy hedfan gydag Aerolíneas i Río Gallegos a chael bws ymlaen, ond gan fod hwnnw'n cymryd pedair awr i gyrraedd pen y daith, gwell fyddai mynd yn syth i El Calafate gydag un o'r cwmnïau llai, fel Lade, ond gan fod y rhain yn newid eu hamseroedd a'u trefniadau braidd yn ddirybudd, does dim diben rhoi manylion yma.

GWESTAI

Los Álamos**** (*Moyana 1355, Ffôn: 0054 2902 491144*) Mae hwn yn westy cyfforddus iawn mewn lle braf ynghanol gerddi ac allan o sŵn y dref, ond mae'r pris yn adlewyrchu'r safon. Bydd ystafell yma'n costio tua $170 yn ystod yr amser prysur, a hynny heb frecwast.

Sierra Nevada**** Mae'r gwesty bach hwn braidd yn bell o ganol y dref, ond mae'n werth aros ynddo am ei lendid, ei croeso cynnes a'i agwedd broffesiynol. Mae'r ystafelloedd gwely yn rhai braf iawn. Yn anffodus, mae'n gwbl anaddas ar gyfer yr anabl gan fod grisiau i bob man.

Pris: $90 i $121 am ystafell ddwbl.

El Quijote ***(*Gob. Gregores 1191, Ffôn: 0054 2902 491017, Ffacs: 0054 2902 491103*) Mae hwn yn westy safonol a'r gwasanaeth yn dda gyda'r staff yn barod eu croeso a'u cymwynas. Mae'r ystafelloedd yn helaeth a chysurus a'r brecwast yn fwy na digonol. Ond mae'n westy swnllyd â'r waliau rhwng yr ystafelloedd yn denau iawn, felly nid dyma'r lle ar gyfer y rhai sy'n cael trafferth i gysgu. Mae prydau, ar wahân i'r brecwast, sydd yn y pris, yn ddrud.

Pris: Rhwng $110 a $150 yn ôl y tymor.

Bahía Redonda** (*Ffôn: 0054 2902 491743, Ffacs: 0054 2902 491314,*
e-bost: hotelbahiaredonda@cotecal.com.ar)

Mae hon yn hotel dda ac mae yna olygfa o Lago Argentino o bob ystafell. Yn ôl rhai fu'n aros yno, mae hi'n haeddu tair seren.

Albergue del Glaciar (*Calle Los Pioneros, Ffôn / Ffacs: 0054 2902 491243,*
e-bost: glaciar@hostels.org.ar)

Hostel ieuenctid yw hwn, ond gall unrhyw un aros yma ac mae'r prisiau'n amrywio yn ôl yr ystafell. Gall amrywio o $5 i $12 y noson. Ond wrth gwrs, cyfleusterau sylfaenol sydd yma.

Hospedaje Alejandra (*Espora 60, Ffôn: 0054 2902 491328*) Lle gwely a brecwast yw hwn yn costio $10 yr un gan rannu bath.

Os ydych chi am wersylla, mae yna le perthyn i'r dref, y **Camping Municipal**, sy'n cael ei ganmol. Mae'r adnoddau'n dda a'r pris yn rhesymol.

Mae digonedd o fwytai yn y dref, a'r peth gorau i'w wneud yw astudio'r fwydlen yn y ffenestr a'r bobl sydd yno'n bwyta! Ond mae un y gellir ei gymeradwyo, sef ***Mi Viejo***, *Avenida Libertador 111*. Lle i fynd iddo i fwyta cig yw hwn, felly fydd fawr yma ar gyfer llysieuwyr.

USHUAIA

Dyma'r dref sydd ym mhen draw'r byd, a dyma'r agosaf y bydd y rhan fwyaf ohonom yn gallu mynd at Begwn y De. Mae'r dref ar y fwyaf o'r ynysoedd a elwir gyda'i gilydd yn *Tierra del Fuego*, sef Tir y Tân, enw sy'n ychwanegu at ramant y lle. Mae'r boblogaeth tua 42,000.

Yma cewch fynd ar gamlas y Beagle ac i barc cenedlaethol Lapataia, i *estancia* Harberton sy'n dal i gael ei rhedeg gan ddisgynyddion i Thomas Bridges, y cenhadwr ddaeth â'r efengyl i'r Indiaid, ac yn sgil yr efengyl, ddod â chlefydau'r gorllewin iddyn nhw hefyd, fel nad oes yr un ohonyn nhw ar ôl yn Nhir y Tân heddiw. Cewch, hefyd, fynd i ben draw ffordd rhif 3, y ffordd fwyaf deheuol yn y byd.

Maen nhw'n dweud i'r lle gael ei alw'n Tierra del Fuego oherwydd i'r dynion gwyn cyntaf i gyrraedd yno weld llygaid o olau ar yr ynys wrth ddynesu ati, a deall yn ddiweddarach mai'r tanau bach wedi eu cynnau gan yr Indiaid oedd y golau yma.

Mae'n werth treulio o leiaf ddau ddiwrnod yma, gan fod pob un o'r mannau a enwyd yma yn werth ymweliad, ac o fod wedi gwneud y cyfan a bod amser gennych, ewch i gyfeiriad y gogledd at lynnoedd Fagnano ac Escondido, ewch ar y trên bach yn Ushuaia ei hun, neu beth am gerdded i fyny mynydd Olivia?

Mae cyrraedd Ushuaia yn brofiad ynddo'i hun gan fod y maes awyr bron yn y môr. Ar adeg cyhoeddi'r llyfr hwn roedd Aerolíneas a'r cwmnïau llai i gyd yn hedfan yma ar wahanol ddyddiau, ond does dim sicrwydd mai felly y bydd pethau ymhen chwe mis, felly rhaid holi adeg trefnu'r daith. Mae'r awyrennau'n cysylltu Ushuaia a Threlew, Buenos Aires, Río Gallegos a Calafate ar hyn o bryd.

GWESTAI

Gan fod Ushuaia yn lle poblogaidd iawn yn yr haf, gwell trefnu llety ymlaen llaw. Mae yma ddigon o ddewis o wahanol brisiau ac mae yna wersyll sydd heb fod yn rhy bell o ganol y dref, y *Pista del Andino*. Yr hostel ieuenctid ydi'r *Torre al Sur* sydd ar *Gobernador Paz 1437*.

Hotel Albatros**** *Lasseree y Maipú, (Ffôn: 0054 2901 430003, Ffacs: 0054 02901 43066,*
e-bost: glaciar@infovia.com.ar)

Mae hwn yn hen westy safonol ar lan y gamlas. Mae ei safle yn ardderchog, ond yn ôl y sôn, ni ellir dweud hynny am y gwasanaeth.

Pris: Tua $100 am ystafell ddwbl.

Hotel del Glaciar**** (*Camino Glaciar Martial (Ffôn: 0054 02901 430640, Ffacs: 0054 2901 430636,*
e-bost: glaciar@infovia.com.ar)

Mae hwn yn perthyn i'r un cwmni â'r Albatros, ond mae 3.5km o'r dref. Mae yma olygfeyddd braf.

Pris: Rhwng $125 a $145 am ystafell ddwbl, yn dibynnu ar yr adeg o'r flwyddyn.

Las Lengas*** *Goleta Florencia 1722* (*Ffôn: 0054 2901 4423366, Ffacs: 0054 2901 424599,*
e-bost: laslengas@tierradelfuego.org.ar)

Mae'r gwesty gweddol fodern hwn ar y bryn y tu allan i'r dref, ac mae gan rai ystafelloedd olygfa ardderchog o'r mynyddoedd.
Pris: Sengl $74, Dwbl 80.
La Posada* *San Martín 1299 (Ffôn: 0054 2901 433222, Ffacs: 0054 2901 433330,*
e-bost: laposada@tierradelfuego.org.ar)
Pris: Rhwng $50 a $55.
César* *San Martín 753 (Ffôn: 0054 2901 421460, Ffacs: 0054 2901 432721,*
e-bost: cesarhotel@infovia.com.ar)
Pris: Rhwng $45 a $60 yn ôl y tymor.
Residencial Fernández *(Onachaga 72, Ffôn: 0054 2901 421192)*
Prisiau: $35 - $50.

IGUAZÚ

Mae tuedd iddi fod yn oer y rhan fwyaf o'r flwyddyn yn Ushuaia, ond y gwres all eich poeni yn Iguazú gan ei fod yng ngogledd y wlad, 1600km o Buenos Aires. Nid dod i dref y bydd y rhan fwyaf o'r ymwelwyr, gan nad Puerto Iguazú sy'n bwysig ond y rhaeadrau.

Mae'r rhaeadrau rhyfeddol hyn, sydd ar ffin Ariannin, Brasil a Paraguay, yn mesur 2km ar draws a 70m o uchder, a chasgliad o raeadrau a geir nid un rhaeadr. Mae'r ardal o'u cwmpas yn barc cenedlaethol, sydd yn ddiddorol ynddo'i hun gan fod yma bob math o dyfiant a bywyd gwyllt.

Mae rhai'n dweud bod yr olygfa o geir o ochr Brasil yn fwy trawiadol nag o ochr Ariannin, a gall fod hynny'n wir. Yn sicr, os ydych yn aros ar ochr Ariannin a digon o amser gennych chi, yna mae'n werth cymryd y trip sydd wedi ei drefnu i'r ochr arall. Os oes gennych chi ddigonedd o amser, gellwch wneud y daith ar y bws lleol sy'n rhatach o lawer, ond yn fwy trafferthus gan fod ffin i'w chroesi.

Y gwahaniaeth mawr rhwng y ddwy ochr yw mai edrych o bell a wneir yn Brasil tra bo dyn yng nghanol y cyfan yn Ariannin. Yno, mae llwybrau rhwng y rhaeadrau ac uwch eu pennau, a cheir y teimlad o fod bron ynghanol y dŵr. Yma hefyd, gwelir yr afon yn gwbl lonydd eiliadau cyn disgyn dros y dibyn anferth, ac mae'r gwahaniaeth rhwng y llonyddwch a'r bwrlwm gwyllt yn drawiadol iawn.

Mantais arall o fod ar ochr Ariannin yw fod digon o gyfle i gerdded y llwybrau drwy'r coed a gweld yr anifeiliaid bach a'r adar sy'n byw yno. Mae yna fwncïod sy'n ddigon di-ofn i ddod bron at y llwybr, ac yn gynnar yn y bore gwelir adar dieithr ac ambell anifail bach sy'n rhy swil i ymddangos pan fo'r ymwelwyr ar eu hanterth ganol dydd.

I fanteisio'n llawn ar hyn i gyd gellir aros yn y gwesty sydd o fewn y parc cenedlaethol. Y ***Sheraton Internacional Iguazú*** yw hwn ac mae'r enw'n ddigon i roi syniad o'i bris. (*Ffôn / Ffacs: 0054 3757 421600*) Gan mai newydd ei brynu mae'r cwmni, ac wrthi'n ei drin, mae perygl y bydd y pris yn codi eto, ond ym mis Ebrill 2000 dyma'r prisiau: *Sengl $160 (golygfa o'r rhaeadrau), $130 (golygfa o'r goedwig), Dwbl $185 (golygfa o'r rhaeadrau), $150 (golygfa o'r goedwig)* Mae yna lawer o westai eraill ar ochr Ariannin ac ochr Brasil, ond dyma'r unig un sydd o fewn y parc cenedlaethol.

Un arall y gellir ei gymeradwyo yw'r ***Hotel Esturión***, sy'n westy pum seren wedi ei leoli o fewn tafliad carreg i'r *Hito de las Tres Fronteras*, sef carrreg derfyn ffiniau Ariannin, Brasil a Paraguay, y tu allan i dref Puerto de Iguazú. Roedd hwn yn cael ei reoli gan ddau fachgen o Ddyffryn Camwy a phryd hynny cai'r Cymry eu croesawu gan gerddoriaeth Gymreig. Mae'r gwesty, sy'n un moethus iawn, yn nhiriogaeth y Guaraní, a byddwch yn ymwybodol o hynny wrth edrych ar wynebau rhai sy'n gweini yno. Heb fod ymhell o'r gwesty mae gwarchodaeth Guaraní y gellir ymweld â hi. Hefyd, gellir ymweld â'r ysgol sy'n dysgu plant o'r un tras.
Pris: $120

O ran safon, ar ochr Brasil, mae'r ***Hotel das Cataratas*** (*Ffôn: 0055 45523 2266*) yn ardderchog, ond hyd yn oed yn ddrutach na'r Sheraton, gydag ystafelloedd yn costio rhwng $190 a $220.

Gellir cyrraedd Iguazú ar fws o Buenos Aires ond mae'n daith 22 awr. Mae'r pris lai na hanner pris yr awyren, ond os yw'r amser yn brin, fel y mae i'r rhan fwyaf o ymwelwyr, yna does dim dewis ond hedfan.

BARILOCHE

Tref o ryw 80,000 o bobl yw hon, yn nhalaith Río Negro ar lan llyn anferth Nahuel Huapi, a'i henw llawn ydi San Carlos de Bariloche. Mae hon yn dref sy'n boblogaidd iawn gyda phobl y Wladfa, a hawdd deall pam, yn enwedig o ystyried y rhai sy'n byw yn agos at y paith. Mae yma lynnoedd a choed, mynyddoedd ac eira. Ond mae hefyd arogl siocled drwy'r lle, gan fod Bariloche yn enwog am ei ffatrïoedd siocled, adeiladau sy'n debycach i rywle yn y Swistir neu Awstria, ac ar adegau, bobl ifanc digon afreolus yn gorlenwi'r strydoedd, a thwristiaid yn heidiau.

Prif ogoniant y lle i ni sy'n dod o Gymru yw'r wlad o'i amgylch, a'r ffaith fod modd mynd oddi yma i Chile ar daith hyfryd sy'n cyfuno bws a chwch. Os ydych chi'n gwneud hynny, cofiwch na ellir cario bwyd gyda chi dros y ffin. Mae straeon am bobl yn llowcio brechdanau am eu bod wedi anghofio hyn!

Gan fod hedfan o Buenos Aires i Esquel yn anodd, mae llawer yn hedfan i Bariloche ac yna'n mynd ymlaen i Esquel ar y bws. Mae cwmnïau fel **Via Bariloche, Don Otto, Andesmar** a **TAC** yn mynd yn aml i Esquel, ond os ydych chi am hedfan yno mae hi'n fwy anodd a byddech yn colli golygfeydd hyfryd iawn.

Mae Bariloche yn llawn gwestai o bob safon, ond yma enwir tri yn unig. Mae rhestr ardderchog i'w chael o'r ganolfan dwristiaid sydd yn y ganolfan ddinesig ddeniadol, ac er bod yma lawer o ymwelwyr fydd dim problem cael lle mewn gwesty, maes gwersylla, hostel neu dŷ preifat.

Yma argymhellir:

Hotel Aconcagua*** (*San Martín 289, Ffôn: 0054 2944 424718*). Gwesty cyfeillgar yn cael ei redeg gan rai o dras Almeinig. Mae'r ystafelloedd yn braf a chyfforddus, a cheir golygfa dda o'r llyn o'r rhai cefn. Maen nhw, hefyd, yn ddistawach.

Pris: Mae ystafell ddwbl rhwng $60 a $100.

La Pastorela (*Belgrano 127, Ffôn 0054 2944 424656*). Mae hwn yn westy cymharol fychan ar yr allt sydd yn mynd fwy neu lai y tu ôl i'r ganolfan ddinesig. Mae'r ystafelloedd, er yn fach, yn lân a chwaethus, ac o'r rhai cefn ceir golygfa hyfryd o'r ardd. Mae hi hefyd yn dawel iawn yn y cefn. Mae'r wraig sy'n ei redeg yn siarad Saesneg.

Pris: Dwbl ym mis Ionawr, $50, weddill y flwyddyn $40, yn cynnwys brecwast.

Milan Hotel (*F.Beschtedt 120, Ffôn 0054 2944 422624*) Mae hon yn hotel dda yng nghanol y dref a'i phris o $70 am ystafell ddwbl yn eithaf rhesymol. Mae golygfa i gyfeiriad y llyn o rai o'r ystafelloedd.

COLONIA (Uruguay)

Efallai fod rhywbeth yn chwithig mewn gorffen llyfr taith i'r Wladfa drwy sôn am dref mewn gwlad arall, ond mae Colonia mor agos at Buenos Aires nes ei bod yn haws cyrraedd yno na mannau eraill yn Ariannin.

Nid dyma brif dref Uruguay, wrth gwrs. Montevideo yw honno, ond mae honno'n bellach o Buenos Aires, tra gellir cyrraedd Colonia mewn awr ar y llongau cyflym

Beth sydd i'w weld yno ar ôl cyrraedd? Yn sicr, i'r hen dref y bydd y rhan fwyaf o bobl yn mynd gyntaf. Mae hon ar drwyn o dir sy'n ymestyn allan i'r môr, ac i gyrraedd yno o'r lanfa does ond rhaid dringo'r allt am ddwy sgwâr a throi i'r chwith ar hyd stryd Manoel Lobo, a dyna chi yno, a hynny mewn llai na deng munud. Mae yma olion hen wareiddiad ond nid amgueddfa mo'r hen dref, er bod digon o'r rhain i'w gweld. Mae'n werth prynu tocyn am $1 sy'n gadael ichi fynd i bob un ohonyn nhw!

Ar ôl cerdded yr hen strydoedd a dringo'r goleudy, ewch i fyny ar hyd glan y môr tua'r gogledd at y porthladd bach sy'n llawn cychod hwylio, ac at yr adeilad perthyn i'r clwb hwylio. Yno cewch eistedd allan wrth un o'r byrddau a mwynhau diod a golygfa yr un pryd.

Mae'r dref newydd yn agos at y porthladd hwn, yn stryd General Flores, ac yma cewch bob mathau o nwyddau diddorol yn rhatach o lawer nag yn

Ariannin. Mae nwyddau lledr a gwlân yn fargen yma.

Mae bwyta'n rhesymol iawn yn Colonia, a digon o ddewis o fwytai, a'r un yw'r stori os ydych am aros noson yma. Mae'r ***Posada del Gobernador*** (*18 de Julio 205, Ffôn: 00598 5223018*) fodd bynnag, yn ddigon drud ond yn werth yr arian am un noson, gan ei fod mewn lle tawel, cyfleus, ac yn adeilad diddorol. Bydd ystafell ddwbl yma'n costio $85 - $100.

Yn fwy rhesymol ac o fewn cyrraedd rhwydd i'r hen dref mae'r ***Hotel Italiano*** (*Manoel Lobo 341, Ffôn: 00598 5222103*). Mae hon wedi ei hadnewyddu'n gymharol ddiweddar, ac mae gan rai ystafelloedd falconi. Gellir cael ystafell ddwbl â bath am $55.

Mae yna le da i wersylla yn y ***Camping Municipal de Colonia*** (*Ffôn: 00598 5224444*) yn Real de San Carlos, 5km o'r hen dref.

I gyrraedd Colonia rhaid cymryd y cwch o **Dársena Norte**. Mae Buquebus yn rhedeg cwch cyflym sy'n cymryd llai nag awr saith gwaith y dydd, bob dydd ac mae'n costio $32 un ffordd. Mae Ferrytur yn mynd bedair gwaith y dydd yn ystod yr wythnos a theirgwaith y dydd fwrw'r Sul a'r un yw'r pris. Hefyd, mae modd cael tocyn diwrnod am $50 fydd yn cynnwys cinio a thaith o amgylch y ddinas.

RHESTR DDARLLEN

Efallai y bydd ar rai ohonoch chi sydd wedi bod yn y Wladfa neu sydd ar fin mynd yno awydd darllen rhagor am y lle. Ar eich cyfer chi mae'r rhestr hon. Enwir llyfrau gweddol gyffredinol eu cynnwys, ond gellir cael rhestr gyflawn o lyfrau a llawysgrifau o'r Llyfrgell Genedlaethol yn Aberystwyth.

Y Fenter Fawr. Aled Lloyd Davies. Canolfan Technoleg Addysg Clwyd, 1986.

Tan Tro Nesaf. Gareth Alban Davies. Gomer, 1976.

Pethau Patagonia. Fred Green. Cyhoeddiadau Mei, 1984.

Ar Lannau'r Gamwy. W Meloch Hughes. Gwasg y Brython, 1927.

Crwydro Gorff a Meddwl. Norah Isaac. Christopher Davies, 1983.

Hanes y Wladva Gymreig. Lewis Jones. Cwmni'r Wasg Genedlaethol Gymreig, 1898.

Nel Fach y Bwcs. Marged Joned. Gwasg Gomer, 1992

Ffarwél Archentina. Marged Lloyd Jones. Gwasg Gomer, 1995.

Yr Efengyl yn y Wladfa. Robert Owen Jones. Llyfrgell Efengylaidd Cymru, 1987.

Atgofion am y Wladfa. Valmai Jones. Gwasg Gomer, 1985.

Yr Hirdaith. Elvey MacDonald. Gwasg Gomer, 1999.

Hanes y Wladfa Gymreig ym Mhatagonia. Abraham Matthews. Mills & Evans, 1894.

Byw ym Mhatagonia. Guto Roberts a Marian Elias Roberts. Gwasg Gwynedd, 1993.

Haul ac Awyr Las. Cathrin Williams. Gwasg Gee, 1993.

Atgofion o Batagonia. R Bryn Williams. Gwasg Gomer, 1980.

Crwydro Patagonia. R Bryn Williams. Llyfrau'r Dryw, 1960.

Cymry Patagonia. R Bryn Williams. Gwasg Aberystwyth, 1942.

Y Wladfa. R Bryn Williams. Gwasg Prifysgol Cymru, 1962.

MYNEGAI